Um gato aprende a morrer

Dados Internacionais de Catalogação na Publicação (CIP)
(Câmara Brasileira do Livro, SP, Brasil)

Lisboa, Luiz Carlos
Um gato aprende a morrer / Luiz Carlos Lisboa. — São Paulo : Summus, 2002.

ISBN 85-87478-17-6

1. Ficção autobiográfica brasileira 2. Muçá, Adriano, século 19 – Biografia 3. Negros – Brasil – História I. Título.

02-0333 CDD-869.93

Índice para catálogo sistemático:

1. Romance autobiográfico : Literatura brasileira 869.93

Um gato aprende a morrer

Luiz Carlos Lisboa

Capa: **Camila Mesquita**
Editoração eletrônica: **Set-up Time Artes Gráficas**

Departamento editorial
Rua Itapicuru, 613 – 7º andar
05006-000 – São Paulo – SP
Fone: (11) 3862-3530
Fax: (11) 3872-7476
http://www.selonegro.com.br
e-mail: selonegro@selonegro.com.br

Atendimento ao consumidor:
Summus Editorial
Fone (11) 3865-9890

Vendas por atacado:
Fone: (11) 3873-8638
Fax: (11) 3873-7085
e-mail: vendas@summus.com.br

Impresso no Brasil

A
Mara Rúbia Arakaki

Sumário

1

No teatro da guerra

1868/1869

Andávamos naquela manhã, Olufeme e eu, pela rua Direita, vendo as vitrines, os ateliês de costura e uma drogaria com seus grandes frascos na porta. Entramos um instante na igreja do Carmo, onde minha mulher queria pedir a bênção e a proteção de Deus para Tiago, que já estava longe de nós havia um ano e meio, numa guerra que parecia não acabar nunca. Fiquei a seu lado pensando na nossa relação interessada com o que chamamos de Deus e no modo como negociamos os temores e os desejos que nos perseguem, trocando nossa felicidade por rezas e rituais, penitências e mudanças de comportamento, como se para a divindade fosse importante o que fazemos e pensamos. Por um momento, a idéia me pareceu ímpia e até cruel. Mas eu olhava com amor os poucos cabelos brancos que haviam surgido na cabeça dessa negra querida, de joelhos junto ao altar, quando ela levantou para mim os olhos e vi que estava chorando. Era por Tiago, que temíamos pudesse estar sofrendo no Paraguai, onde ninguém se importava então com a vida de um jovem negro, fosse ele moço e forte como nosso filho, ou um homem com as marcas do tempo no rosto, como eu. E me perguntei como as escarificações da minha face, que me deram, junto com a minha rapidez de movimentos, o apelido de Muçá, gato em hauçá, haviam quase sumido com o passar dos anos. Essas marcas, feitas em Timbo na minha iniciação quando tinha somente dez anos, pareceram um dia os bigodes de um gato, mas foi na Bahia que esse apelido pegou.

Ainda em casa, na madrugada desse dia, tendo perdido completamente o sono, vaguei por meu escritório e me sentei junto à janela para ouvir o canto dos galos, vindos de diferentes distâncias, os quais me fizeram lembrar de paisagens e momentos distantes, na Timbo amada do outro lado do oceano e na Bahia dos primeiros tempos no Brasil. Descansei por um instante a mão sobre um livro que eu havia recebido na véspera do Camargo, um livreiro da rua do Ouvidor que acabara de chegar de Paris com novidades. *Le langage des oiseaux* não era outro senão meu *Mantic uttair* da infância, agora em tradução minuciosa para o francês feita por um certo Garcin de Tassy. Estava ali contida a música que meu ouvido interior tinha escutado desde a infância e, segundo acreditava firmemente, toda a melodia da vida e do universo. Seu texto, um dia eu o decorei em hauçá, minha língua materna; esse livro saído da pena sublime do santo e poeta Farid Udin Attar, agora eu o tinha diante de mim numa tradução européia. Essa parábola inspirada e inspiradora que eu sempre sonhei em traduzir de minha língua africana para o português falado no Brasil. Ainda ouvindo o canto do galos da madrugada, lembrei-me de repente de um poema de Rumi, o qual minha mãe recitava enquanto adormecia os filhos. "Tenho cinco coisas a dizer", versos que nós todos decoramos e que eu traduzi para ensinar a Tiago desde muito cedo. Nele, a alma conversa com o autor do início e do fim de todas as coisas:

A alma desperta fala, olhando de frente o Amado:
Você é o céu onde em círculos voa meu espírito,
O amor dentro do amor, fonte da ressurreição.

Deixe essa janela ser o seu ouvido.
Tenho perdido a consciência muitas vezes,

quando percebo seu silêncio atento,
e seu sorriso breve como a vida.
Você que sabe das menores coisas,
das minhas hesitações e dúvidas profundas,

Sabe também o quanto tudo em mim é artifício e medo,
E você me aceita de qualquer maneira,
com minha grosseria e minha pretensão!

Ainda banhado na lembrança apaziguadora desses versos que embalaram o sono do menino que fui, desci a escada do Carmo levando Olufeme pela mão, e deixando para trás o passadiço fomos a caminho do Largo da Misericórdia, onde eu havia trabalhado por dez anos e onde havíamos morado também certo tempo. A Santa Casa agora não lembrava mais o aglomerado de prédios do tempo da minha chegada ao Rio. Olhei com melancolia o edifício majestoso em estilo clássico, dividido em três corpos como um paralelogramo encimado pelo torreão de três andares, que era o seu orgulho. Apontei para Olufeme as sacadas e os zimbórios terminando na clarabóia octogonal coroada por uma cruz de ferro. Depois de rever as estátuas dos padres Anchieta e Nóbrega, reverenciados lá como se fossem santos, enveredamos pelo corredor de azulejos e fomos até a sala de Horácio, que não estava ali no momento. Perguntei a uma irmã de São Vicente de Paula onde o encontraria, e ela indicou a grande porta que levava às enfermarias. No fundo, agachado entre as camas de dois doentes, Horácio Mendes ria de alguma coisa. Quando todos na sala se voltaram para nós com curiosidade, ele finalmente se levantou e veio nos abraçar.

Quando saiu conosco, Horácio tentou repetir as anedotas que os dois doentes haviam acabado de contar, em que era personagem o ditador Solano Lopez; numa delas o ditador se comparava a Napoleão, a outra era sobre uma amante francesa que ele tivera numa cidade brasileira. Era assim que os cariocas se vingavam dos sustos que os poderosos lhes pregavam. Horácio perguntou logo por Tiago, e não tínhamos nenhuma nova notícia do nosso menino para dar-lhe, há mais de três meses. Essa guerra com o Brasil, que começara havia dois anos, estava fazendo o país sofrer além de todo limite. As famílias pobres e os pretos tinham muito a temer pelos seus filhos, a quem eram dadas as missões mais perigosas e os postos mais temidos pelos combatentes. E tinha havido Tuiuti, aquele horror. Tomamos um chá de erva-doce na sala de Horácio e ele nos acompanhou até a porta. Ao abraçá-lo ali me lembrei do dia em que deixei a Santa Casa para me dedicar ao trabalho em Ponta da Areia, onde trabalharia a semana inteira, para voltar ao Rio nas noites de sábado.

Meu amigo me havia dito, então, que eu fizera bem em seguir o que meu coração mandava, fosse o que fosse. Se o trabalho do estaleiro me atraía mais do que o tratamento dos doentes naquele momento, era preciso ouvir o coração, não a cabeça. Mas mesmo trabalhando em Niterói continuei me encontrando com o pessoal do Valongo – que não eram exatamente os mesmos e tinham aumentado em número – e com Horácio, que ia com freqüência almoçar aos domingos em nossa casa de Laranjeiras. Mais tarde, deixei Ponta de Areia para trabalhar no *Correio Mercantil* como revisor, jornal para onde me sentira atraído desde o tempo em que foram publicadas nele, em folhetins, as *Memórias de um sargento de milícias*, o romance diferente de Manoel Antônio de Almeida que me entusiasmou a ponto de eu recomendar sua leitura a todos com quem conversava.

Nessa época as reuniões na rua Esperança, no Valongo, eram mais espaçadas, mas nunca haviam cessado de todo porque tirávamos dali muita energia e satisfação, embora a maioria não se desse conta disso. Gostávamos de conviver, de falar e de ouvir, e muitos afirmavam que saíam de lá renovados. Uma vez apresentei Horácio Mendes ao pessoal, ele a quem me referia sempre naqueles encontros. Nas primeiras vezes ele só ouviu, depois passou a participar.

Quando Cala, um dos homens do Valongo, morreu na ponta da faca de um capoeira que fugiu, pedi a ajuda de Osvaldo, malandrim que eu havia machucado nos Arcos anos antes, por ter me atacado. Queria que Osvaldo apurasse o autor do crime, e uma semana depois já havia me dado o nome do assassino cruel do nosso companheiro e o lugar freqüentado por ele. Jaja e Sule achavam que ele deveria ser morto imediatamente, mas Soíca e eu éramos favoráveis à sua entrega à polícia. Por fim concordamos que, antes de levá-lo às autoridades, alguém o convenceria a fazer uma confissão do crime. A pessoa indicada para promover esse convencimento foi Babu, filho de Cala, um homem duro, mas uma pessoa de bem. O que ele fez nunca soubemos ao certo, mas o assassino do nosso Cala se entregou à polícia e fez uma confissão completa daquele e de outros dos seus crimes.

Com o tempo, alguns corações foram mudados. Quem via o mundo como um circo movido por interesses puramente materiais, como o hauçá Afiba, parecia destinado a morrer pensando assim. Mas não, sua mudança aconteceu como por milagre. Outros, como Iero, floresceram a partir do íntimo, lentamente, como os ponteiros de um relógio ou a marcha do sol no céu, só aparentemente imóveis, mas, mesmo assim, não param. Mostraram mudanças no modo de falar, na completa ausência de pressa, no olhar sereno e no modo, enfim, como viam o mundo. Não é o branco que tem vocação de dominador e que escraviza o negro e o índio no Brasil, mas sim o homem de todas as cores e procedências, que tende a explorar o trabalho do seu irmão ou a roubar o fruto desse trabalho quando podia e não lhe doía a consciência.

"Esse lado escuro de todo homem vive dentro dele o tempo que ele permitir, por não se interessar", dizia Ifrissa, falando quase sem abrir os lábios. Ele era um dos que pareciam modificados no coração. Continuava no mesmo tom: "Quando um dia estiver pronto para olhar, vai descobrir forças dentro de si que não esperava encontrar. Aquele que surpreende a cegueira e a loucura em si mesmo entende seu oposto e fica livre". Seus sermões, como passamos a chamar, mudaram muita coisa em nossas reuniões e remexeram o marasmo em que elas às vezes resvalavam. Soíca e eu aproveitamos esse aprofundamento na nossa realidade para estimular ainda mais os encontros do Valongo. Ifoma e Balero eram os mais calados, mas estavam sempre atentos ao que se discutia. Já ninguém nessa época trazia o *Pão de Açúcar* para ler trechos de artigos de onde eram tiradas conclusões. Outros, como Fati e Jaja, conheciam tão bem o *Mantic uttair* e as histórias simbólicas dos pássaros quanto eu, que os apresentara a eles. Falava-se, mais recentemente, na vida comum de todos os dias, nos hábitos de comer demais, de tomar bebida inebriante e de usar fumo de rolo ou pito, e íamos longe na observação dos hábitos em geral. Nas reuniões não se fumava por consentimento geral, mas se discutia muito em que consistia esse costume. Mas pouca coisa restava dos ritos do islamismo tradicional, além das saudações graciosas em certa época do ano, quando se ouviam *Ramadã mubarac* de um lado e *Ramadã carim* de outro, murmurados em voz baixa.

A convocação de meu filho Tiago para a guerra gerou muito sofrimento em casa. Seu irmão, Fasaha, sugeriu que ele desertasse, e todos logo nos opusemos à idéia. Olufeme sofria ainda mais porque queria ser fiel à minha opinião, mas temia que o filho não voltasse do Paraguai, tendo sonhado várias vezes que ele morreria por lá. Duas vezes fui chamado à noite por um recado levado por um menino até a redação do *Correio Mercantil*, onde consumia meus olhos na revisão, pedindo que fosse até em casa porque Olufeme havia sofrido desmaios, machucando-se na queda, depois de chorar horas seguidas diante de um retrato de Tiago, que já havia partido. Quando eu chegava em casa ela já estava melhor e lamentava que me tivessem tirado do trabalho no meio da noite. Voltava então para o jornal, deixando Olufeme adormecida, e só regressava de manhã, encontrando-a mais consolada.

Depois de muitas horas lendo artigos sobre a chaga repugnante da escravidão, então ainda mais visível com a guerra, eu cuidava, em casa junto com Olufeme, de abrandar as cores sombrias do nosso tempo a fim de não levá-la ao desespero, agora que um filho nosso estava no campo de batalha distante. No último dia de março de 1868 –, nunca mais me esqueci da data e do momento – recebi na redação uma carta vinda de Uruguaiana, da parte do coronel Diogo de Barros, que me fora apresentado por Horácio Mendes e que se fizera nosso amigo. Nela ele me dava conta de que Tiago tinha sido ferido, na passagem de Humaitá, por um estilhaço na barriga, mas não corria perigo de vida. Contei a Olufeme, dizendo que fora somente um arranhão e que ele provavelmente voltaria logo para se tratar num hospital militar no Rio. Mas não acreditei um só momento nisso, por se tratar de um simples soldado e de um negro, ainda que fosse um herói de guerra.

Com o passar dos dias procurei desesperadamente saber notícias do rapaz. No começo de novembro ficou decidido que o *Correio Mercantil* fecharia definitivamente suas oficinas na próxima semana, e nesse mesmo dia tomei a decisão de ir à procura de Tiago onde ele estivesse. Uma outra carta do coronel, esta enviada a Horácio, havia chegado no último barco vindo do Rio da Prata, dando mais detalhes do feito brasileiro em Humaitá e, entre outras notícias, localizando meu filho. O próprio marquês de Caxias tinha comandado a operação na margem do rio Paraguai quando suas águas baixaram, com quatro brigadas de infantaria, três de cavalaria e doze bocas de fogo. Houve uma simulação de ataque em outro ponto para enganar o inimigo, e os brasileiros, orquestrados com os argentinos e os uruguaios, atacaram os paraguaios, enquanto o "Barroso" e o "Rio Grande" transpunham as correntes. Dezesseis soldados caíram sob as rajadas que vinham do outro lado do rio, inclusive o soldado Tiago Miller, ferido na barriga. No grande consultório da Santa Casa, Horácio se debruçava na minha direção, a carta dobrada nos dedos, e me olhava de perto: "Você tem certeza de que deve ir?" Ele não duvidava de que eu era capaz de ir, se possível para trazer meu menino ferido de volta. Pôs à minha disposição o dinheiro que fosse preciso para a viagem, com a certeza de que nos veríamos novamente, para ouvir minha história. Em quatro dias já tinha tudo nas mãos, inclusive um beliche para civis num monitor da classe Pará, fabricado no arsenal da Corte, que me levaria até Pelotas, onde poderia comprar um cavalo para subir pela margem do rio Paraguai. Levava uma carta de apresentação para um certo capitão Souza Lima da guarnição de Pelotas, e um salvo-conduto para chegar ao coronel Diogo de Barros em Uruguaiana.

De fato, galopei até Bagé e Santana, com documentos pretensamente reservados e de alto interesse militar, uma fantasia criada por um amigo de Horácio, sobrinho de um membro do Conselho de Estado, que atendia pelo apelido de Areopagita, visando facilitar meus movimentos naquela região conflagrada do Sul brasileiro. Mas a viagem de navio durou mais do que o previsto e foi penosa por causa do mar agitado e das escalas em Santos e Paranaguá, monótonas e aflitivas para quem ia ao encontro de um filho que poderia estar morto. Mal sabia eu então que, àquela altura, ele já fora transferido para um hospital de campanha em Angostura e enviado depois para Assunção, quando a capital foi ocupada pelos exércitos aliados, para ser tratado num hospital melhor na capital paraguaia.

Mas isso eu só saberia lá. Em Uruguaiana, fiquei no alojamento para civis que me foi designado pelo coronel Diogo, um homem amável, louro e de estatura espantosamente baixa para um militar, além de estrábico. Não consegui trocar mais de duas palavras com ele, antes que me mandasse subir para meu beliche porque no outro dia teríamos de acordar muito cedo. Fiz a longa cavalgada, e nesse percurso assisti a cenas espantosas da miséria e do horror daquela guerra, não diferente de todas as outras guerras. Cabeças, pernas e braços enfaixados eram comuns por onde eu ia. E sujeira, muita sujeira nas intermináveis estradas, e o cheiro terrível de carne humana podre ou chamuscada, na paisagem de mil casas queimadas. Os guaranis paraguaios e os gaúchos brasileiros que encontrava acampados ou caminhando para o norte pareciam da mesma família: todos magros, desconfiados e envoltos nos seus farrapos. Além disso, portavam sem qualquer elegância ou zelo suas armas besuntadas de azeite. Alguns me faziam parar a fim de examinarem meus documentos, e eu sempre obedecia para não levar um tiro desses homens assustadores. Encontrei perto de Lomas Valentinas um conhecido por trás de uma farda de oficial brasileiro:

Estefânio Cobra, que eu havia tratado na enfermaria da Santa Casa de um ferimento de faca, o que fiz com olmo e calêndula, cerca de dez anos passados. Ele saltou do cavalo e veio me abraçar. Trazia um livro de poesias no bolso da farda, o qual logo reconheci porque eu também possuía um exemplar dele na minha mesa de trabalho, em casa – *Noturnas*, de Castro Alves. Perguntou se eu já era médico, respondi que não; quis saber o que eu fazia na guerra e disse que vinha em busca de um filho ferido. Contou que tinha com ele uma relação dos feridos daquela região e chamou um anspeçada. Leu uma relação de Lomas, outra de Angostura e outra dos que tinham sido recuados para Pelotas e deveriam ser embarcados de volta para o Rio de Janeiro. Em nenhuma delas constava o nome de Tiago Miller.

"Você é Miller?", perguntou, olhando meu rosto de perto. Expliquei que havia incorporado ao meu nome o de meu antigo senhor na Bahia, como era costume na época e no lugar.

"Estranho...", disse ele entredentes, voltando a ler as relações. "Não há nada aqui." Seu olhar revelava preocupação e piedade. Imaginei o que estava pensando – o rapaz deveria estar morto e eu ainda não sabia da verdade. Abraçamo-nos outra vez e ele me falou:

"Tenho receitado seu remédio para muita gente. Até para os paraguaios", falou. Rimos um instante e eu segui caminho.

Cheguei a Angostura presenciando combates isolados e tiros partidos de ambos os lados do rio. Os brasileiros haviam cercado a região e atacavam Piquirici. Havia um grande equívoco nas informações que recebera. Angostura ainda resistia e, portanto, não poderia haver feridos brasileiros hospitalizados na cidade. Mas e a lista que o Cobra havia me mostrado? Depois soube: o reduto fora ganho e perdido duas vezes, e agora havia somente um núcleo de resistência guarani naquele recanto. Depois de me identificar, falei com um capitão que comandava um destacamento. A certa altura da conversa ele apontou a outra curva da margem, a um quilômetro do ponto onde estávamos.

"Está vendo aquela casa caiada ao lado do rio? O ditador Lopez está lá..." Não podia acreditar que o ditador paraguaio estivesse a tão pequena distância de nós. Anoiteceu. Eles mataram um capado e eu pesquei um peixe. Depois de alguma prosa fomos dormir enrolados em nossos cobertores. Com a cabeça acomodada num tufo de capim, me lembrava da imensa jornada pelo sertão da Bahia e das Minas, antes na companhia silenciosa de Firmino, depois sozinho e mais tarde com Olufeme e o nosso primeiro menino. Aquele cheiro de capim, o sussurro de água vindo de algum lugar e o céu estrelado além das árvores me faziam sonhar. No dia seguinte, cedo, dei de comer ao cavalo, tirei as botas que o comando me havia dado na véspera e pedi ao capitão licença para fazer um reconhecimento na vila de Angostura. Ele pensou algum tempo e me perguntou se eu não tinha medo. Disse que tinha sim, mas que agradecia se me desse seu consentimento. Atravessei um braço de rio a nado e entrei pelo lado leste do reduto. Não tinha projeto nenhum na cabeça, apenas me sentia feliz porque havia voltado por instantes aos velhos tempos. Derrubei com um soco na nuca um paraguaio e tomei sua baioneta. Fui batendo com as mãos e com os pés em quem encontrava, todos soldados guaranis frágeis, jovens, com fiapos de barba no rosto. Reservava a arma para um caso desesperado.

Vi um canhão na beira do rio, sem ninguém por perto. Estava com seus apetrechos ali, só faltava ser disparado. Voltei o canhão para o principal edifício do lugar, que não me pareceu grande coisa. Bala, espoleta, gatilho, tudo verificado; o estrondo ecoou num morro do outro lado do rio e a parede da casa veio abaixo, em meio a muita poeira. Corri, nadei de volta e não cheguei a ver ninguém no meu encalço. "Você é o capeta?", foi perguntando o capitão brasileiro quando me viu, enquanto corria para mim. Disse-lhe que ia embora: tinha uma missão a cumprir e não podia esperar mais. O militar apertou minha mão e falou que a gente se encontraria em breve. Imaginei que ele ia atribuir, no seu relatório de guerra, aquele canhonaço aos seus soldados, e achei isso natural.

Dois dias depois, cavalgando pelo interior, um homem que comandava uma família de onze pessoas em fuga me informou que Angostura havia caído e que o coronel Hermes da Fonseca estava indo com seu exército para Assunção. Ao se despedir ele me desejou um novo ano feliz. Foi quando me dei conta de que aquele era o último dia de dezembro daquele ano. E Tiago, onde estaria? Acampei por três dias no chaco, esperando as coisas acontecerem. Depois cavalguei para a capital. A cidade não tinha pedras nas ruas, como o Rio de Janeiro e Salvador; mas era de terra batida, que fazia poeira ou lama, conforme o tempo.

A maioria dos habitantes tinha fugido para o interior, temendo o saque aliado. Apesar do *cholera morbus*, os soldados brasileiros recebiam com muita alegria as homenagens dos paraguaios que haviam ficado para as "festas da paz". Pequenos quiosques e barracas vendiam bandeiras, medalhas, partituras de hinos louvando o Brasil. E um jornal paraguaio, vendido na única estação de estrada de ferro na cidade, transcrevia trechos das cartas trocadas entre o ditador Solano Lopez, que havia fugido para o Norte do país e ainda resistia, e o conde d'Eu, no Rio de Janeiro, em que eles se tratavam com a cortesia de dois duelistas num intervalo da competição de floretes. Assunção tinha muitos "voluntários da pátria" negros, escravos que o governo havia resgatado do cativeiro para alistar no Exército.

Na primeira noite na capital paraguaia, de onde os paraguaios haviam sumido, dormi numa casa de vila muito bem mobiliada, mas deserta de gente. Na casa vizinha, um oficial brasileiro mantinha detidas duas mulheres, mãe e filha, a primeira como sua criada, a segunda como amante. No segundo dia foi detido por uma patrulha de soldados argentinos e levado ao que eles chamavam de "comando brasileiro", sob suspeita de ser um informante do ditador Lopez. Quem me recebeu no quartel improvisado foi o capitão Estefânio Cobra, que eu havia conhecido um mês antes, nas margens do Paraná.

"Venha comigo, vou apresentá-lo ao Estado Maior", foi dizendo na sua maneira expansiva. Os homens sentados ao redor de uma grande mesa no que parecia ser o refeitório de um colégio, pararam de conversar quando entramos. Cobra me abraçou, dizendo alto: "Este é o homem de quem lhes falei, que tentou matar Solano Lopez com um canhão". Alguns aplaudiram, todos sorriram. Quis dizer que não tinha sido bem assim, mas achei que precisava manter uma boa amizade com aquela gente para chegar até meu filho Tiago, se ele ainda estivesse vivo. Havia sonhado na noite anterior que ele se despedia de mim chorando muito, dizendo que estava curado do seu ferimento e que tinha sido mandado pelo Exército numa missão em lugar muito distante.

O capitão Cobra almoçou comigo, e no intervalo do relato sobre suas proezas na guerra pedi-lhe que procurasse Tiago, ao que ele respondeu: "Amanhã mesmo estará com seu filho". De fato, no dia seguinte ele mandou um soldado me pegar onde eu estava dormindo e me levar a um hospital no centro de Assunção, onde encontrei meu menino muito debilitado, o corpo todo enfaixado, numa cama suja de enfermaria. Tiago chorou quando me viu, e depois de eu ter pedido água quente para limpá-lo e roupa nova para a sua cama, falamos por um longo tempo. Mamãe estava bem e dolorosamente saudosa dele, e eu queria saber quando poderia levá-lo para casa. Tiago me disse, quase cochichando:

"Não vou mais voltar para casa, pai. Estava somente esperando você aparecer – tinha certeza de que viria – para a gente falar um pouco e eu poder partir." Fingi que não havia entendido.

"Partir como?". Ele sorriu de leve: "Partir para o mistério, como você sempre disse...". Durante uma semana, conversávamos todas as tardes. Escrevemos juntos uma carta para Olufeme, e nos primeiros dias o estado de Tiago melhorou sensivelmente. Havia escapado de um tétano, depois da operação no hipocôndrio esquerdo a que se submeteu no campo de batalha de Humaitá. Seu corpo estava sem as resistências naturais, e isso era muito mau. Dei a ele chás de crategus e de hamamelis, além de jaborandi. Fiz compressas de confrei e ruderal. Com grindélia e depois com guaraná sua respiração ficou menos ofegante durante o sono, mas ao fim de uma semana seu estado piorou.

Depois que ele adormecia eu ia toda noite ao quartel, falar com o capitão Cobra sobre uma possível remoção de Tiago. Numa dessas conversas ele me falou do inglês que estava passando uns dias na cidade e que tomava notas todo o tempo, a fim de escrever um livro sobre a guerra da Tríplice Aliança. Ele era o cônsul da Inglaterra em Santos e era um homem conhecido no mundo inteiro, tendo já publicado vários livros e viajado pelo Oriente. Segundo Cobra, o visitante falava árabe e havia traduzido *As mil e uma noites* para o inglês. Era uma pessoa interessante que eu deveria conhecer de perto. Combinamos ir, na noite seguinte, até a casa que o inglês estava ocupando havia alguns dias. Fomos, de fato, e eu tive uma forte impressão do homem. Era um sujeito forte, de pele muito branca e olhos oblíquos, com uma longa barba preta. Chamava-se Richard Burton e logo que me viu perguntou se eu era fulani. Quando confirmei e lhe disse ser natural de Timbo e ter estudado em Tombuctu, seu rosto se iluminou num sorriso. Conhecia toda a África e sabia a história das nações ao sul do Saara. Seus conhecimentos sobre o islamismo eram bem profundos, mas ele pouco sabia dos poetas persas que tinham iluminado o mundo com o sufismo. Falou com grande entusiasmo no califado de Córdoba onde conviveram em perfeita irmandade muçulmanos, judeus e cristãos por muitos anos.

O capitão Cobra olhava admirado para nós dois, enquanto falávamos misturando português, árabe e o pouco de inglês que eu conseguia articular. Burton repetiu frases de correção duvidosa em latim e hebraico, com o visível intuito de impressionar o capitão. Aí me perguntou se eu conhecia seu livro sobre a viagem que fizera a Meca e Medina. "Mas o senhor é muçulmano?", perguntei, com espanto. "Tive de passar por muçulmano para chegar a Meca...", respondeu, entusiasmado com as próprias recordações. Durante o resto do tempo em que falamos ele me descreveu o percurso que fez do Cairo até a cidade sagrada e a visão que teve da Caaba. No dia seguinte, contando a Tiago minha visita ao inglês, ele, que mal me escutara, de olhos fechados murmurou: "Você precisa fazer sua peregrinação, meu pai". Fiquei em silêncio, aproveitando a música da sua voz que eu sabia que teria por pouco tempo. E ele completou: "Vou fazer minha viagem antes de você, meu velho...". Tiago morreu dois dias depois, enquanto dormia.

Enterrei meu menino num cemitério de Assunção e pedi ao capitão que me conseguisse uma passagem de barco para Montevidéu. De lá pude, com a ajuda de amigos, ir para o Rio de Janeiro numa nau de guerra, o "Santo Antônio", trabalhando como servente de bordo. A dor pela perda de Tiago não me abandonou um minuto, nessa viagem de volta. Um mês depois, tendo parado quatro vezes na subida pelo litoral rumo norte, chegamos ao cais deserto do Rio de Janeiro. Dali, saudoso da família, da cidade e da casa, tomei um tílburi para Laranjeiras, vendo passar com imenso encanto a paisagem do outeiro da Glória, o Catete e a paisagem do morro imenso do Corcovado, em cujas faldas ficava nossa casa. Olufeme me saudou da cozinha aos gritos, e logo vieram Fasaha, sua mulher e meu neto Ibraim.

O cheiro bom da casa, o sabor da comida que minha mulher fazia, até o cachorro vira-latas no quintal, tudo me dava prazer. Mas quando se falava em Tiago, e se falou muito então, todos emudeciam e Olufeme acabava chorando. Ela estava zangada com Fasaha porque ele havia dado imediatamente as roupas de Tiago para um pobre da vizinhança, para que não sofrêssemos tanto com a sua lembrança. Achei que fora melhor assim e lembrei que cada um de nós tinha feito o que podia por ele. Era um modo de desanuviar a culpa secreta que os vivos sentem em relação aos mortos. No dia seguinte visitei Horácio Mendes em sua casa e lhe contei minha viagem pelos campos de guerra do Paraguai. Meu encontro com o inglês que havia escrito sobre Meca o impressionou bastante, como imaginei que fosse mesmo acontecer. Horácio havia recebido a edição francesa do *Mantic uttair*, que encomendara havia quatro meses, e estava se deliciando com a sua leitura, citando um trecho que já havia decorado: "O primeiro sinal do Simorg teve lugar na China, em meio a uma noite sem lua. Uma de suas plumas caiu na China e sua fama correu o mundo todo. Não fosse essa pluma, não teria havido tanto barulho no mundo a propósito desse misterioso ser. Este sinal de sua existência é a lembrança de sua glória". Era a recordação de Deus no fundo de cada alma, era a presença de Deus na sua criatura, que é o Ser.

Voltei à rua Esperança, no Valongo, na primeira sexta-feira depois de chegado do Paraguai. Logo na entrada da casa, Idrissa, Fiba, Jaja, Sule e Soíca me abraçaram e ficamos um minuto em silêncio em memória de Tiago. Com os demais, inclusive Ifoma e Balena, conversamos sobre vários assuntos menores, e como sempre, alguém me pediu que dissesse alguma coisa sobre os sufis e a clássica divisão do islamismo. Mas antes eu queria ler um trecho de uma das epístolas do apóstolo Paulo aos Coríntios, o qual eu havia anotado num pedaço de papel porque me lembrei dos "amigos" na margem do Paraná, enquanto o lia, e me pareceu importante meditar na companhia deles sobre o assunto. "O que vale é a observância dos mandamentos de Deus. Permaneça cada um na condição em que se encontrava quando foi chamado. Eras escravo quando foste chamado? Não te preocupes com isso. Ao contrário, ainda que te pudesses tornar livre, procura antes tirar proveito da tua condição de escravo. Pois aquele que era escravo quando chamado no Senhor, é um liberto no Senhor." Continuei lendo: "Da mesma forma, aquele que era livre quando foi chamado, é um escravo no Cristo. Alguém pagou alto preço pelo vosso resgate: não vos torneis escravos dos homens. Irmãos, cada um permaneça diante de Deus na condição em que se encontrava quando foi chamado".

Disse então que não havia caminhos exclusivos e experimentados para chegar Àquele que não foi criado, lembrando que há muçulmanos sunitas que procuram a iniciação sufi, e outros que não a procuram, e há muçulmanos xiitas que buscam o mesmo caminho, e outros que não o buscam. O responsável pela ordem sufi, o xeque, é um representante de Maomé, mas não é necessariamente o que os católicos chamam de santo.

"E a visita à Caaba, em Meca, tem importância para o espírito, ou basta orar cinco vezes por dia, onde o crente estiver?", quis saber Ismael, um jovem freqüentador da casa que eu via pela primeira vez. Orar cinco vezes por dia não parecia ter importância fundamental, mas qualquer oportunidade de praticar deveria ser aproveitada. Ir pessoalmente a Meca não me parecia essencial numa vida humana, mas ir até lá poderia ensejar oportunidades para o espírito, da mesma forma que rezar ou se perder na beleza que nos cerca quase todo o tempo e nunca vemos. E não lembro que pergunta me foi feita por Soíca, mas foi essa a resposta: "O xeque perfeito é aquele que se deixa aniquilar no profeta Maomé. Um só com a realidade, ele se torna o Homem Perfeito que pode ajudar os outros em seu caminho para Deus". Depois que terminei, lembrei de ter usado uma expressão árabe, *haqiqa muhammadiyya*, em lugar de "realidade", mas decidi não fazer qualquer correção na hora.

Saí de lá tocado em algum lugar do meu espírito pelas palavras que os "amigos" e as circunstâncias me levaram a ouvir, a pensar e a dizer. Nenhum brilho, nada para efeito exterior, nenhuma postura de sacerdote, somente aquilo que havia entrado no meu coração desde a última vez em que falei com Tiago no seu leito de morte. De volta do Valongo, tarde da noite e quase incompreensivelmente tarde para ele, fui até a casa de Horácio e o tirei da cama para conversarmos. Meu amigo fez um chá de ervas para nós e nos sentamos na sala, onde ele ouviu com paciência infinita, e em seguida entusiasmado, o que eu desejava dizer-lhe sobre a idéia que tivera de fazermos ambos uma peregrinação a Meca. Uma hora depois ele estava mais excitado do que eu, aquecendo um novo bule no fogão e dando voltas pela sala, enquanto falava sobre os preparativos da viagem.

Falei somente com Olufeme a respeito do meu projeto, e ela acolheu a idéia com alegria. Essa peregrinação eu faria por todos os outros, pelos parentes e amigos que não poderiam ir, e ela traria graças para todos, segundo disse. Nada falei com Fasaha, que só saberia da viagem na véspera. Ao contrário de Tiago, Fasaha nunca se interessara muito pela minha visão do mundo, e por não ter fé em si mesmo não acreditava em ninguém mais. Fora impulsivo e briguento desde a idade mais tenra e defendera durante muito tempo a violência como o único meio de se movimentar com sucesso no mundo. De um tempo para cá não me dava ouvidos e demonstrava ceticismo em face de tudo que lhe trazia. O único estudo sério que fizera na vida fora o da capoeira, que lutava ou dançava com leveza e habilidade. Era ágil nos saltos acrobáticos e havia feito admiradores entre seus conhecidos. Além disso, tocava bem o berimbau. Algumas vezes ficou seriamente zangado comigo quando o proibi de levar navalha ou faca no bolso, e quando jogávamos a "francesa" em casa, apoiando os cotovelos na mesa da sala, e ele perdia para o "velho", ficava ressentido vários dias. Fasaha sempre tivera amantes e freqüentava as prostitutas, e naquele meio fazia amizades. Fora casado com uma menina da Gamboa, que lhe dera um filho, meu neto Ibraim, que morava conosco; mas Iracema os deixou por outro homem, nunca mais tendo dado notícias. Apesar da dificuldade de homem feito, eu o proibi de fazer algumas coisas que seriam mau exemplo para Ibraim e tirariam o equilíbro de nossa casa, entre elas chegar embriagado dos seus serões amorosos e ameaçar Ibraim com algum castigo físico por motivo fútil. Ainda assim eu tentava sempre conversar com esse filho que se distanciara de mim desde muito cedo, procurando sondar sua verdade pessoal e abrindo para ele meu coração. Assim, não lhe falei nada sobre a peregrinação que faria no final do ano. Por conta disso, eu e Horácio nos encontrávamos agora quase diariamente para trocar idéias e informações.

2

A peregrinação

1870

Nos 21 dias passados no "Arcádia" em viagem para Gênova, Horácio Mendes e eu seguimos uma rotina simples que consistia em conversar, jogar xadrez, ler e ficar longos períodos mergulhados em nossas vidas interiores. Não descemos do vapor no Recife porque ele aportou por volta da meia-noite e partiu no dia seguinte antes do meio-dia. Em Santa Cruz de Tenerife, nas Canárias, havia uma epidemia de cólera na ilha e, por conseqüência, uma proibição de descer à terra. Os carregadores, que vi do tombadilho trazendo mantimentos para o barco, podiam perfeitamente ter contaminado nosso navio, o que felizmente não aconteceu. Jovens mergulhadores penduravam-se na corrente da âncora esperando que jogássemos moedas, que eles apanhavam no fundo, em demorados mergulhos. Chegamos a Gênova numa manhã de domingo, e a vista da cidade banhada de um sol dourado de rara beleza me lembrou de longe a entrada do porto da Bahia. Ficamos três dias num hotel modesto próximo ao cais e a uma zona de prostituição, e afinal embarcamos no brigue inglês "Lightning" para Alexandria, que eles chamavam Iskandaria, onde chegamos dois dias depois, seguindo logo após para o Cairo.

Conhecemos a bordo do "Lightning" um coronel inglês que se apresentou a nós como Jerome Huntington e que jantou conosco duas noites seguidas, ocasiões em que revelou seus profundos conhecimentos da história da escravidão no mundo, os quais ele fazia questão de partilhar com "dois homens negros visivelmente ilustrados". Lembrou o coronel que os portugueses haviam adotado a escravidão negra no seu país meio século antes da descoberta do Brasil, e mais adiante se referiu à origem, para mim desconhecida, da palavra "Brasil": no século VIII, durante a dominação árabe da Andaluzia, o governador-geral de Córdova foi o califa Bralj-Ibn, conhecido depois em Portugal como Brasile. Esse governador, homem de muito prestígio e riqueza, foi homenageado por dois cartógrafos, que deram seu nome à "Terra Ignota" dos confins do oceano a oeste, assim como um outro cartógrafo prestou mais tarde uma homenagem ao navegador Américo Vespúcio dando seu nome ao novo continente descoberto ao norte. O coronel Huntington esqueceu-se de nos dizer onde ficaria no Cairo, de modo que o perdemos de vista, receio que para sempre, no desembarque em Alexandria. O Cairo, imensa cidade que, segundo me disseram, um dia se chamou Fustat, foi um deslumbramento e uma seqüência de surpresas para nós, mas nada nos encantou tanto quanto o centro de estudos tradicionais de Al-Azhar, que visitamos mais de uma vez.

"Mestre, diga-nos uma palavra." A frase evocativa do sufismo, quando a dúvida açoita e a doença, a pobreza e a morte rondam por perto, nós a encontramos em todos os recantos de Al-Azhar onde fomos – nos livros, nas paredes, nas mesquitas, nos lábios de muitos homens sábios que se escondem voluntariamente no anonimato. Ninguém é mestre, afinal, todos são discípulos e aprendizes vida afora. Tínhamos muitos livros para comprar mas deixamos essas compras para a volta. A pequena caravana de peregrinos que nos levaria a Port Taufik sairia em quatro dias de um ponto em Gizé, onde havíamos estado em visita às pirâmides e à esfinge. Nos dois últimos dias no Cairo, Horácio e eu tivemos disenteria e mal pudemos sair do hotel para visitar a cidade. Atribuí o mal à água turva da cidade servida junto com as refeições.

Nosso barco era o "Qum", um velho e pequeno vapor inglês que viajou com mais peregrinos do que deveria ser permitido e que deixou o Egito para nos levar, naquele primeiro dia do último mês do ano islâmico, desde El Suweis e através do Mar Vermelho, até Iambo Al-Bahr, um porto da cidade de Medina. Foi uma viagem plácida, com o barco sempre próximo da terra, onde víamos as dunas róseas desde a manhã até a noite. Alguns passageiros passaram mal a bordo, debruçando-se sobre o mar no tombadilho, sofrendo engulhos e protegendo a boca com lenços amarfanhados. Chegamos a tempo de começar a peregrinação propriamente dita no sétimo dia e, portanto, de terminá-la no décimo, como mandam os preceitos e como queríamos de fato fazer, não por escrúpulos religiosos, mas por respeito ao lugar e à fé de milhões de outros homens.

Em Medina ficamos hospedados em tendas que alugamos por dia, mas foi preciso seguir quase imediatamente para Meca, o que fizemos em camelos e jumentos, parando em Mina para tomar água. Dali até a Cidade Sagrada são duas léguas e meia, e a partir daquele ponto o peregrino é considerado numa espécie de estado de graça, o *Ihram*, não devendo mais cortar cabelo e unhas durante o resto da peregrinação. Em Meca, fizemos primeiro a *umrá*, a "peregrinação menor", a uma mesquita que a tradição diz ter sido construída pelas mãos do Profeta. Diferentemente das outras que eu visitara no Cairo, esta não possuía púlpito, nem nicho apontando na direção sagrada, nem tapetes ou grandes lâmpadas. Alguém nos disse que Maomé fazia ali seus sermões tendo como fundo folhas de palmeira. Em seguida saímos para a Mesquita Sagrada, no centro de uma praça imensa sobre a qual já tinha ouvido centenas de pessoas descreverem. Agora via com emoção milhares de peregrinos caminhando lentamente em torno do edifício negro da Caaba, compungidos mas pisando leve como se estivessem no céu. Demos nossas sete voltas com devoção e muito emocionados. Horácio e eu tínhamos a consciência de que estávamos no coração de um mundo, na terra santa que tinha visto o Profeta passar. Foi enorme a emoção de ver a Caaba com meus olhos, construída por Abraão há muitos séculos. Entre os islâmicos, seu nome é Ibraim, o mesmo que me deu meu pai quando nasci, em Timbo.

Passamos o resto da manhã fazendo orações ou simplesmente vendo aqueles rostos de todos os recantos do mundo. Depois voltamos a Mina para participar das solenidades no Monte Arafat, onde o Profeta fez seu último sermão. Sabíamos que era ponto alto do Hajj. Voltamos a alugar tendas, e a noite foi bastante desconfortável porque nos preocupávamos com os escorpiões que existem em grande número nas proximidades do deserto e porque muitas pessoas conversaram até de madrugada nas alamedas entre as tendas. Não acompanhamos o ritual do dia seguinte, de apedrejamento dos símbolos do demônio. Mais tarde, terminado o *Ihran*, assisti com algum desgosto ao espetáculo do sacrifício de ovelhas, bois e camelos, numa praça quase nos limites da cidade. O cheiro de sangue tomou conta da cidade, e as carcaças se empilhavam sobre os estrados postos ali para esse fim. Horácio calculou que havia mais de duzentos mil animais mortos no lugar, antes de anoitecer. Durante três dias sucessivos havíamos jogado sete pedras nos três pilares de Mina, símbolos do mal.

De volta a Medina, a milenar Al-Madina, visitamos o *Masjid quba* e oferecemos ali uma oração. Caminhando com outros peregrinos, distingui na multidão rostos vagamente familiares. Era a cor da pele, a forma da cabeça, um certo modo de andar. Cheguei mais perto e tive a certeza de que eram homens do Futa Jalom, meus irmãos de sangue, um deles com as mesmas escarificações que eu trazia no rosto e que a idade havia apagado aos poucos. Eram fulas como eu e estavam perto de um nicho, um *mirab* que indicava a direção de Meca, conversando em voz baixa. "*Hausare hauta*, nós falamos a mesma língua", fui dizendo, enquanto juntava as mãos sobre o peito. Todos ficaram imóveis, pareciam petrificados. Finalmente me saudaram e fizeram muitas perguntas. Uma mulher idosa que estava com eles se aproximou quando lhes disse que fora escravo dos brancos na América por 30 anos. Olhou meu rosto de perto, e percebi que ela chorava. Depois tomou minhas mãos e as beijou.

"Você se parece muito com meu pai", falou. Chamei Horácio e o apresentei ao grupo. O mais velho, que conduzia os demais, disse-me que se chamava Murad e perguntou meu nome. Na África, fiquei sabendo por ele, tinham ocorrido muitas guerras nos últimos 30 anos e muitos fiéis haviam morrido. Só restava a antiga fé àqueles fulas, homens rudes e sofridos que me rodeavam; a antiga fé muçulmana, e somente isso havia impedido o desespero e a revolta que alimenta a maldade pelo mundo. Mas Murad ardia de vontade de me dizer alguma coisa e que o fizesse na nossa língua materna, contada a um desconhecido que se tornava seu irmão naquele instante. Tudo muito fulani, pensei com orgulho. Ele havia descoberto nos seus estudos que o escravo negro e discípulo fiel de Maomé, o célebre Bilal, era da mesma nação que nós. Quando chamava os fiéis para a oração, Bilal gritava a todo pulmão que rezar era melhor do que dormir, e batendo na porta do Profeta dizia: "Hora de rezar, Mensageiro de Deus! Pela salvação!".

Comovido com a visão daquele homem idoso tomado pelo entusiasmo da fé, atendi ao pedido que me fez de historiar brevemente minha vida. Expliquei a ele e aos outros ouvintes que era neto de Ibrahima Sori Maudo e filho de Al-Husain, crescido e criado em Timbo, maior centro daquela região abençoada da África, cercada pelas montanhas da grande e da pequena Helaia, uma fortaleza natural. Contei que tinha sido aprisionado e vendido aos portugueses do Benin, quando tinha dezesseis anos. Disse como cheguei na Bahia transformado num bicho feroz e como fui vendido a um casal inglês, que me humanizou de novo e me registrou com o nome cristão de Adriano e me deu seu sobrenome Miller. Falei do levante contra os brancos e da derrota dos malês em Água de Meninos, o que me obrigou a fugir para o sertão a fim de não morrer, na companhia de um inimigo que depois se tornou amigo leal, e que tive de fugir para o Sul a fim de salvar minha vida.

Contei que levei alguns anos fazendo essa viagem e acabei no Rio de Janeiro, onde tinha feito um pouco de tudo e trabalhara num jornal que defendia a libertação dos negros. E disse numa frase que tinha perdido um filho numa guerra havia muito pouco tempo, mas não tinha deixado a antiga fé e agora era peregrino na Cidade Santa. Murad me abraçou repetidas vezes e antes de nos separarmos disse que nada o comoveu tanto na peregrinação quanto ouvir a voz do muezim chamando para a prece. E lembrou que as matracas e o sinos dos cristãos chamavam também para a oração, mas não tinham a mesma beleza da voz humana. Além disso, disse ele chorando, esta língua inigualável que é o árabe presta-se melhor para a invocação religiosa que qualquer outra língua do mundo. Depois de uma longa conversa sob o sol escaldante, nós nos abraçamos e apertamos as mãos uns aos outros. A mulher idosa chamava-se Leila, e antes que nos separássemos ela repetiu que via em mim seu velho pai já morto havia muitos anos.

A tortura das tendas repetiu-se uma vez mais e havia chegado a hora de voltarmos. Tínhamos planos de viajar pela Europa, a começar pela Sicília, que era uma paixão de Horácio, ele que havia lido tanta coisa de sua história. Antes de nos recolhermos em Medina, conhecemos, na praça do mercado onde tentávamos comprar algumas lembranças da Arábia Deserta, um professor espanhol que se convertera havia pouco ao islamismo, dom Damiano Peralta. Ele nos ouviu conversando e nos seguiu através da multidão, das barracas, entre os tapetes e os caldeirões de comida fervente, ele que nos identificou pela fala irmã da Ibéria. Em seguida às primeiras palavras me perguntou se eu era berberisco, descendente de berbéres, e respondi que eu era fula ou, como se dizia na Europa, fulbe. Sim, ele havia reconhecido a cor da minha pele, semelhante ao *membrillo cocido*. Falamos das muitas raças, cores e culturas que há sob o céu do Islã, e Damiano logo revelou a loquacidade um pouco nervosa dos espanhóis, falando de suas viagens pela Terranova, por Las Palmas e pelo Chile.

Olhei a praça em volta, povoada de peregrinos estrangeiros, todos conscientes disso e todos felizes com isso. Para nós aquele era um resumo do mundo, ou era como o mundo deveria ser, uma grande irmandade. Aí me surgiu no espírito a pergunta sobre se seria de fato preciso ter um denominador comum, uma nacionalidade, uma mesma fé, uma cor de pele partilhada por todos para que houvesse uma irmandade. O fato de homens serem todos parentes no mundo, uma vez que toda mulher na idade própria pode conceber de qualquer homem, não era prova bastante dessa irmandade natural que nos recusamos a reconhecer? Custei a dormir naquela última noite fria, que sucedeu a um dia muito quente, na terra por onde andou o Profeta. Pela abertura da tenda eu podia ver as estrelas brilhando do céu noturno, as mesmas estrelas que ele viu brilhar nas suas noites de meditação no deserto, quando o anjo Gabriel soprou no seu coração as profundas verdades do Corão. Regressamos ao Egito num *tramp steamer*, desses que não têm horário ou itinerário exatos, mas que são preciosos para se evitar o deserto e seus ondulantes camelos.

Antes de voltar ao Cairo passamos em Bur Tuffic, no golfo de Suez, onde fazia apenas um ano tinha sido inaugurado o canal que ligava Port Said, no Mediterrâneo, àquele ponto do Mar Vermelho. De onde estávamos não era possível ter uma idéia exata da grandiosidade da imensa obra que custara milhões de libras, muito trabalho e algumas vidas. No Cairo passamos dias quentes e úmidos, no final de novo abatidos pela mesma diarréia aparentemente interminável, conhecida como "a amante perigosa dos viajantes no delta do Nilo". A caminho do cais onde embarcaríamos, vimos da janela da sege um outro grupo de peregrinos fulas, com seus camisolões brancos e capuzes bordados. Levavam amuletos ao pescoço como eu vira muito em criança e como eu mesmo havia usado. As mães e irmãs costuravam os amuletos em casa, com fé e carinho, e neles iam trechos do *Corão*. A gente fula nunca estava desocupada, ouvi minha mãe repetir esse comentário de muitas maneiras diferentes. Às vezes me pergunto com freqüência: do que eles fogem tanto? E eu mesmo me recrimino pelo pensamento: talvez eu devesse ter um coração mais simples.

A viagem de volta a Gênova foi tranqüila e silenciosa. Horácio leu em paz os livros que havia comprado no Cairo e eu, muito tocado pelo encontro com meus irmãos fulas, passei todos os dias a bordo do velho "Sicily" recostado nas cadeiras do tombadilho vazio, lembrando minha infância, e talvez até fantasiando sobre ela. Via na imaginação as caravanas que me fascinavam quando eu tinha oito ou dez anos, com as quais os mercadores circulavam entre Futa e Macina, vendendo tabaco, prata, marfim e... escravos. Gostava de Macina, em cuja capital, Jenné, de frente para o Níger imenso e barrento, viviam meus primos da mesma idade. Passei uns meses com eles, e desse tempo lembro melhor das esculturas de barro que fazíamos e que dávamos para Magaji cozinhar no forno e torná-las rijas.

Magaji, de 14 anos, foi a primeira mulher que conheci. Eu tinha dois anos menos que ela, mas era bem mais alto. Magaji era uma beleza fula, de nariz comprido como o de uma branca, quase sem peitos e de pele negra bastante avermelhada.Um dia, na casa dos meus primos, ela me chamou lá de dentro como se estivesse zangada, e eu a segui até o fundo da olaria. Lá, ela se atirou de costas num monte de palha e abriu as pernas para mim, sem dizer uma palavra. Alguma coisa em mim estava esperando isso havia muito tempo, e eu saltei sobre ela.

Macina era longe de Timbo, onde minha família continuava sua luta política. E havia uma outra paixão da minha juventude: Tombuctu. A cidade ficava a doze dias de viagem por terra, partindo de Jenné. Entre os estudantes só se falava na *jihad* em Futa. Havia três centros de adoração religiosa ali (penso nisso agora para fortalecer a lembrança, que com a idade vai ficando mais fraca): Dingereiber, Sancore e Sidiiahia. Quatro mestres e duzentos estudantes, no meu tempo. Às vezes adormecia depois de horas de evocação, e entre o sono e a vigília fantasiava diálogos com meus pais, meus colegas e sonhava com cidades inteiramente inventadas em pleno deserto. O Níger, por seu lado, parecia rugir como o mar bravio nas praias da África.

Em Gênova tomamos o trem para Estrasburgo, onde Horácio Mendes se encontraria com dois médicos com os quais se correspondia havia uns dez anos, mas não os conhecia pessoalmente. A viagem atrasou por causa de longas paradas em estações cheias de soldados e civis que corriam para outros trens, arrastando suas bagagens. Falava-se muito nos prussianos, que estavam ameaçando os franceses de descer do leste em enormes levas, segundo se dizia com seus canhões puxados a cavalo e seus fuzis com longas baionetas, pendurados às costas. Mas não víamos os terríveis prussianos, tão-somente os franceses com seus casacos curtos e capacetes pequenos que mal entravam nas cabeças jovens dos seus donos.

Entre os passageiros com quem conversamos havia um suíço de longos cabelos brancos que não escondia sua indignação com o atraso do nosso trem e com a violência dos homens em geral, sempre metidos em guerras que sacrificavam principalmente as populações inocentes dos países. Ele nos falou longamente sobre Napoleão III, de quem sabíamos pouco e que, segundo nosso companheiro de viagem, era um homem misterioso que amava a França. Horácio e eu falávamos sempre em francês, ele com mais desembaraço do que eu porque durante toda sua vida de médico estudara em livros franceses. Admirado por perceber que eu me exprimia com certa facilidade nessa língua, quis saber onde eu a havia aprendido. Meu sotaque não era o da colônia francesa no Senegal, onde nunca estivera na infância, mas aprendi francês na casa do meu segundo senhor, Malasartes, na Bahia, o qual, ao longo dos anos, me ensinou com a mesma paciência com que a esposa do meu primeiro senhor Miller tinha me ensinado o inglês.

Segundo Horácio, não se tratava apenas da paciência dos professores de boa vontade ainda que improvisados, mas do bom ouvido para línguas que eu sempre tivera. Concordei porque, de fato, tinha uma imensa e inesgotável curiosidade em relação às línguas estrangeiras, e mantinha na memória milhares de expressões do latim e do grego antigo, as quais eu havia aprendido em Timbo e Tombuctu, além do bom conhecimento que conservava do árabe aprendido na infância e naturalmente do fulani e do hauçá, os quais cresci ouvindo. Também Horácio possuía essa inclinação para idiomas e, durante a peregrinação, como disse antes, tínhamos conversado com freqüência em francês e usado algum árabe que tinha ensinado ao meu amigo nos anos de convivência no Rio de Janeiro.

Em Genebra ficamos dois dias e seguimos para Berna, subindo dali para o norte como se fôssemos para Antuérpia, parando então uns dias em Estrasburgo. Durante essa parte da viagem eu me perguntava se estava de fato naqueles lugares de que tinha ouvido falar e a respeito dos quais lera tanto. Lembrava de Malasartes fantasiando sobre o rio Reno e suas lendas, descrevendo a Floresta Negra que ele nunca vira, e falando nos largos horizontes de terras plantadas na Europa de fala alemã e holandesa, com seus celeiros gigantescos e seus camponeses que acordavam com os pássaros. Horácio e eu nos divertíamos observando como chamávamos a atenção das pessoas naquelas regiões de gente muito branca e de nariz afilado.

Na estação de Heidelberg subiu em nosso vagão uma família com um grande número de crianças. Meninas e meninos de face rosada; elas, com longas tranças e eles, de cabelo muito curto, não conseguiam parar sentados em suas poltronas e ficavam debruçados na nossa direção, conversando em voz baixa. Tentamos sorrir e falar com eles, mas em vão. Permaneciam sérios, apenas olhando cada movimento que fazíamos. Meu rosto despertava a curiosidade das crianças, que me fitavam bem de perto quando podiam, apesar de os adultos que as acompanhavam mostrarem alguma zanga com elas por causa disso. Um menino louro murmurou ao meu lado, com algum medo nos olhos, enquanto a família se preparava para desembarcar: *Schwarzkatze.* Não era esse um dos meus apelidos no cais da Bahia, "Gato Preto"? Horácio ouviu e ficou rindo algum tempo, repetindo a palavra como se fosse um novo apelido meu, pelo resto da viagem, para nosso divertimento.

Ficamos num pequeno hotel perto da estação, em Estrasburgo, onde exigiram que pagássemos duas ou três diárias adiantadas para que nos aceitassem. Foi engraçado ver neles o medo se transformar em desconfiança e, depois, até em confraternização assim que se asseguraram de que não éramos pessoas de má conduta. Isso me fez pensar que se tivessem agido assim uns dez anos antes eu tomaria isso tudo com indignação; mas agora muita coisa tinha mudado com o simples fato de entender. No dia seguinte almoçamos com os doutores Otto Karrer e Klaus Bihlmeyer na "cidade antiga" de Estrasburgo. Como velhos correspondentes, eles tinham muito o que conversar, mas, introduzida pelo próprio Horácio, minha história despertou o interesse deles. Ao final do almoço fomos convidados a visitar o Instituto Histórico de cuja diretoria eles eram membros. No fim da visita, o dr. Carrer sugeriu que eu fizesse uma pequena conferência (poderia ser em francês) sobre minha vida desde a juventude no Futa Jalom até a vida como escravo na Bahia, depondo sobre a revolta dos malês de que participara e minha ida para as Minas Gerais e o Rio de Janeiro. Concordamos, desde que a conferência fosse feita nos próximos dois dias, porque partiríamos em breve para Antuérpia e dali para a Inglaterra, como estava tratado entre mim e Horácio. Mas agora precisávamos descansar um pouco, depois da demorada viagem de trem.

"A culpa é de Bismarck, uma vez mais", disse o dr. Bihlmeyer, e nós rimos polidamente, embora, por não estarmos familiarizados com a política européia, não tivéssemos entendido todo o sentido da frase. A meu pedido, o dr. Bihlmeyer me apresentou no mesmo dia ao professor Hippolyte Bernheim, da Escola de Medicina de Estrasburgo, de quem havia lido na biblioteca da Santa Casa do Rio um extraordinário livro sobre os fluidos magnéticos que um homem pode transmitir a outro a fim de curar doenças, sobretudo doenças nervosas, assunto que havia discutido meses seguidos com Horácio, que não acreditava no que chamava com alguma irritação de "mesmerismo".

O professor Bernheim era um homem alto e muito magro, cordial e paciente, sobretudo com um leigo estrangeiro como eu, mas indiferente a Horácio, que não sabia tratar-se de um médico nem prestara muita atenção ao assunto dos fluidos magnéticos. Bernheim me afirmou que tudo o que sabia a respeito estava nos seus livros, principalmente aquele com um título de que não me lembro exatamente agora mas que se referia às "sugestões e às suas aplicações na terapia". Bernheim me recomendou que falasse com o professor Liébeault, se fosse a Nancy, uma cidade vizinha, onde ele vivia. Não saí da entrevista muito impressionado, mas gravei para sempre os detalhes do método Bernheim de lidar com o fluido magnético, que soube depois ser originalmente de Ambroise Auguste Liébeault, médico brilhante mas voluntariamente exilado em Nancy, a tal cidade próxima que não visitamos.

No dia seguinte estivemos na que era talvez a maior loja de livros usados da Europa, numa rua central da cidade. Encontrei lá e comprei imediatamente *De Materia Medica*, de Discórides, que só conhecia de citação e cujo conteúdo me interessava muito. Horácio me sugeriu que levasse também, embora não entendesse alemão – "Você vai aprender um dia", disse ele – o *Buch des Natur*, de Konrad von Megenberg, em dois volumes, que eu sempre quis ter e sobre o qual eu já havia comentado com meu amigo. Em visita a um mercado, fui interpelado por uma mulher bastante idosa que se dirigiu a mim em fula. Respondi rapidamente na minha língua materna e traduzi para o francês para que Horácio participasse da conversa. A professora Marie-Louise Lichtenberger ocupava a cadeira de estudos etnológicos em uma universidade alsaciana e havia distingüido minha origem pela aparência. Ficamos cerca de uma hora conversando na calçada e a convidei para a conferência a ser feita no Instituto Histórico, cujo aviso com horário seria afixado na porta da instituição no dia seguinte. Depois de visitar o jardim zoológico de Estrasburgo, voltamos para o hotel a fim de ler algum tempo antes de dormir, como era hábito nosso. Mas não lemos naquela noite, porque Horácio me fez uma pergunta que nos conduziu a uma longa conversa.

"Afinal, Adriano, somos muçulmanos ou não?", questionou, sorrindo. Aquilo sobre que falamos era mais ou menos o que vínhamos conversando havia alguns anos e o que ainda discutiríamos naquela viagem e depois, por muito tempo.

"Somos e não somos, ao mesmo tempo", respondi. "A verdade é menos interessada nos títulos e rótulos do que imaginamos. Por respeito à grandeza da tradição islâmica, sim, pela profundidade e sabedoria dos seus ensinamentos, sim. Mas quanto ao ritual exigido na prática islâmica, não somos seguidores estritos do Islã. Nem xiitas, nem sunitas, mas talvez somente ouvintes humildes da sabedoria sufi." Fiquei um instante em silêncio e Horácio comentou alguma coisa sobre a inutilidade de falar.

"Já não me lembro o autor de: 'Quem sabe não fala, quem fala não sabe'". disse ele.

Na conferência, me saí um pouco melhor do que esperava. Era uma audiência um pouco maior do que aquela da rua Esperança, no Valongo, mas os presentes eram professores de história dos povos, das línguas, das religiões e, o mais importante, eram alemães, meu Deus, que tinham uma grande reputação nas coisas da cultura. É verdade que quem me aplaudiu com mais entusiasmo foi mesmo Horácio Mendes, mas os demais pareceram gostar do que ouviram e fizeram muitas perguntas após minha narração. Pareceram fascinados com a vida nos quilombos que conheci e muitos pediram meu endereço no Brasil para trocarem cartas comigo. Um deles propôs meu nome para sócio-correspondente do Instituto, o que me honrou bastante, mas não me deixou muito bem informado sobre o que me caberia fazer no caso.

Em Antuérpia contemplamos a efervescência do porto mais movimentado do Mar do Norte e partimos para Liverpool na mesma noite. Já na Inglaterra, seguimos de trem, instalados numa cabine muito confortável onde seguimos a rotina de nossas casas no Rio, comendo alguma coisa, lendo até um pouco mais tarde e em seguida dormindo profundamente, até Londres. Essa era a cidade dos sonhos de Horácio, caso um dia ele viesse morar no estrangeiro. Quanto a mim, tinha mais simpatias por Paris. Enquanto descíamos do trem, repetíamos antigas brincadeiras sobre esses gostos por cidades européias.

Pedimos informações na estação de Charing Cross e nos foi indicado um hotel na Cromwell Road, onde alugamos um pequeno apartamento no quinto andar, no final de uma escadaria de mármore. Nossa primeira manhã londrina foi de muito *fog* e alguma pressa. Precisávamos comprar alguma roupa para um tempo que ia ficando a cada dia mais frio. Havíamos trazido uma carta do dr. Bihlmeyer para Edmund Lassale, da British Geographical Society, e resolvemos entregá-la naquele mesmo dia. O escritório de Lassale na Baker Street era extraordinário, com belos móveis de carvalho e mapas espalhados por toda parte. O vice-presidente da sociedade era um homem pequenino, de bigodes e barba muito longos, como se fosse uma miniatura do cônsul inglês Richard Burton que eu havia conhecido nas barrancas do rio Paraná

Pelo que ele nos disse após sua leitura, a carta continha comentários entusiasmados a respeito dos depoimentos que poderíamos dar sobre o Brasil e o problema da escravidão por lá. Lassale me fez um convite para falar num dos almoços da sociedade e aceitei porque a experiência anterior em Estrasburgo havia me agradado. Uma semana depois, levando umas notas que tinha preparado no hotel, fiz a palestra, e o *The Times* deu uma nota a respeito. Procuramos George Pinkerton, então editor do *Illustrated London News*, que era amigo do cônsul, e quando lhe disse que havia estado com Burton em plena campanha do Paraguai, seus olhos se abriram muito e ele me pediu que escrevesse (ainda que em francês) um relato sobre a vitória da Tríplice Aliança e a derrota de Solano Lopez. E me contou que Burton fora nomeado cônsul em Damasco, no Oriente Médio, acrescentando que ele ouvira a notícia da sua nomeação num bar de Lima, no Peru, da boca de um inglês que ele não conhecia.

Como o resumo da minha conferência publicado pelo *The Times* teve certa repercussão e o artigo do *Illustrated* que escrevi rapidamente foi logo publicado, a Geographical Society me convidou para outra palestra, agora sobre as minhas origens africanas e minha captura perto da casa de meu pai, para ser escravo no Brasil. Aproveitei para contar o que nunca na vida havia posto num papel. Comecei falando sobre o antigo reino de Tacrur, que no século IX tinha dois povos dentro dos seus limites. Ali em Tacrur, entre o deserto e a savana, o litoral e o interior, junto das margens do rio Senegal, desenvolveu-se a nação fulani ou, como dizem os livros ingleses, fulbe. As pirogas dos fulani desciam até o mar e subiam o litoral atlântico em busca do âmbar cinzento, da goma de acácia e do sal. Aqueles povos eram os tucolores e os fulas, os primeiros deles agricultores, os segundos pastores nômades. Não podiam ser mais diferentes esses povos, e no entanto viviam no mesmo território. De onde vieram os fulas? Talvez do Saara, filhos dos tuaregues com as belas negras das margens do rio Níger. Dois séculos depois os fulas se dispersaram, mas conservaram suas características. A partir dos séculos das descobertas portuguesas eles puderam ser encontrados nas montanhas do Futa Jalom e em toda costa ocidental da África, do Senegal até Camarões.

Entre minhas lembranças mais antigas estavam a de caminhar entre grandes marcos de pedra em Sané, perto de Gaô – nas vezes em que descíamos pelo rio Níger e parávamos umas horas ali para comer peixe cozido e dormir uma hora sob as palmeiras, enquanto o sol estava muito alto. Aqueles blocos de pedra escurecidos, entre os quais corríamos fingindo nos perseguir uns aos outros, haviam sido deixados ali pelos espanhóis, segundo me disseram uma vez, e as palavras neles gravadas, num árabe antigo e difícil de entender, podiam ser afinal entendidas assim: "Aqui jaz o túmulo do rei que defendeu a religião de Deus e que descansa em Deus, Abu Abdallah Muhammad". Aqueles blocos imensos haviam sido esculpidos e levados até ali havia muitos séculos, na época em que o Islã reinava na Espanha, e um punhado de muçulmanos espanhóis havia atravessado o deserto para chegar até o Níger e deixar ali o sinal da sua presença e da sua fé. Os reis de Gaô tinham preservado aquelas pedras como sinal da própria antigüidade e importância dos mulás, guerreiros e poetas do Califado de Córdova. Contei que meus irmãos e eu brincávamos entre as pedras imensas daquele monumento, até que chegava a hora de voltar aos nossos barcos e de subir de novo o Níger, de volta a nossa casa em Timbo.

Tive oportunidade de falar novamente sobre a história do Futa Jalom. No século XIII, Mansa Musa voltara de Meca cheio de fé e levado pelo desejo de fazer reformas. Reconstruiu a mesquita de Tombuctu e mandou que em Jenné se fizessem *madrasas*, escolas onde se estudavam Religião e Direito, imitando os teólogos e juristas malequitas de Fez, no Marrocos. No século XV, Tombuctu era a glória da região, e para a cidade convergiam os letrados muçulmanos da África. O Islã irradiava dali e de Al-Azhar, no Cairo. A universidade teológica de Tombuctu ensinava a interpretar o Corão, as leis islâmicas e a jurisprudência maliquita. Além disso, o melhor da época em história, geografia, lógica, retórica, astronomia e astrologia. Foi ali que floresceu o império fula, e de lá saíram os escravos mais perigosos porque mais bem preparados dentre aqueles que foram para o Brasil, a Europa e o Oriente. A platéia inglesa pareceu entusiasmar-se com a minha palestra. Dois dias depois soubemos do resultado: a sociedade me convidava para fazer uma série de seis conferências sobre tema da minha escolha, e ela se propunha a pagar certa quantia por conferência. Horácio e eu ficamos admirados – essa consideração não era comum na Inglaterra em relação a homens negros ou a filhos da América do Sul. Com isso, fomos adiando nossa volta ao continente e, por fim, ao Brasil. Escrevíamos aos familiares e amigos contando o que estávamos fazendo, e eles nos incentivavam a ficar um pouco mais. Olufeme estava bem, embora saudosa, e Fasaha parecia mais pacificado. Ficamos até a sexta conferência e combinamos não aceitar mais nada depois disso, seguindo para Paris em setembro ou no máximo outubro. Lassale me disse que a sociedade se interessaria em editar um livro meu contando a história da minha vida a partir da rebelião dos malês em Salvador, havia mais de 30 anos. Agradeci e prometi ficar em contato com ele, mas no fundo não acreditei que chegasse a publicar um livro – talvez estas notas que me acostumei a rabiscar de quando em quando – na Inglaterra algum dia.

Horácio não queria se demorar mais tempo longe de sua clínica na Santa Casa da Misericórdia do Rio de Janeiro, e como eu quis me deter mais tempo na Europa, combinamos que ele voltaria sozinho ao Brasil. Fui acompanhá-lo a Liverpool, onde ele embarcou no "Highlands", que faria escalas em Lisboa, Recife, Salvador e Rio de Janeiro, seguindo depois para Buenos Aires. Era um imenso navio de casco preto, creio que da Royal Mail Line, e Horácio havia comprado uma cabine na primeira classe. Obtive permissão para subir a bordo e fizemos uma pequena refeição no restaurante do navio, como despedida. Só iria rever meu bom amigo dali dezoito meses. Mandei por ele uma longa carta para Olufeme, com página destinada a Fasaha e outra a meu neto Ibraim, de quem sentia muita saudade.

Viajei 15 dias depois para a França, num pequeno barco a vapor e a vela, que escolhi a dedo porque desejava muito ter essa experiência; era o "Alberta", que saía de Londres e me levaria ao Havre, na Normandia. Era o mês de setembro e ouvira dizer que havia uma crise política de imensa gravidade em Paris, mas suas dimensões só entenderia quando lá chegasse. Não podia ser pior o momento para viajar, o que eu ignorava por não ler os jornais ingleses nem ter conversado com pessoas bem informadas sobre a política européia.

3

Nas barricadas da Comuna

1870/1871

No almoço a bordo do "Alberta", conversei longamente com um francês que voltava ao seu país para, segundo disse, salvar a família da tempestade que se abateria sobre a França. Era um homem de meia-idade, de uma solenidade que chegava em alguns casos às raias do ridículo. Não é preciso dizer que foi ignorado pelos outros passageiros, todos ingleses, que nem sequer o olhavam. Como lhe dei atenção e fui amável com ele, pareceu muito grato e interessado na minha viagem. Pensou que eu fosse senegalês, mas quando falei em Tombuctu ele se curvou numa reverência que me surpreendeu, dizendo bem alto, porque pensou que isso me agradaria: "Uma terra de sábios; quem conhece a África sabe disso". Chamava-se Georges Bouffet e era natural de Ruão, onde tinha um pequeno jornal de que não lembro o nome. Contou-me que o grande jornalista francês Victor Noir, grande amigo seu, havia morrido no começo do ano, e até hoje ele não se conformara, assim como toda França, com essa perda irreparável. Mas agora tinha o consolo de ser vizinho e amigo do maior escritor francês vivo, Gustave Flaubert, embora muitos preferissem Victor Hugo, que vivia no exílio havia muitos anos.

Mas o que o angustiava no presente eram os acontecimentos políticos e militares que estavam levando o mundo para o abismo. A França havia declarado guerra à Prússia, eu sabia disso? Uma grande batalha estava para ser travada em Sedan para decidir os destinos da Europa, e Bouffet mal podia esperar nossa chegada ao Havre para saber das novidades. Muitos soldados franceses e alemães tinham morrido nas últimas semanas em combates no Sul da Bélgica, inclusive filhos de pessoas amigas suas em Ruão. "Um horror, um horror", dizia, levantando os braços. Eram muito dramáticos mas também eram muito simpáticos os franceses.

No Havre nos perdemos de vista no imenso porto, e até que desembaraçasse minhas bagagens e resolvesse para onde iria não pude pensar em outra coisa. Quando minha sege ia partir para o hotel que havia escolhido no centro da cidade, Bouffet chegou esfogueado na janela do veículo e me contou entre arquejos que a França fora definitivamente derrotada na batalha de Sedan e que os alemães estavam avançando na direção de Paris. Seria melhor que eu não viajasse para lá antes que as coisas se definissem. E me convidou para passar uns dias na sua casa de Ruão. Concordei e desci da sege, subindo na dele com as minhas malas. Depois de enfrentar uma estrada pedregosa e um cocheiro rude que chicoteava em excesso os animais, acompanhado o curso do Sena e atravessado Villequier e Caudebec, vilarejos de jardins floridos e pequenas casas, chegamos já noite a Ruão. Lembro-me do jantar excelente e do vinho que não pude me furtar de provar um pouco, antes de adormecer na poltrona ouvindo Bouffet falar das suas experiências políticas. Acordei no outro dia com um grosso cobertor nas pernas e uma dor forte nas costas devida à posição em que havia dormido.

Caminhamos de manhã pela cidade, e depois de muito andar compreendi que meu hospedeiro estava me reservando alguma boa surpresa. Fomos até Croisset, junto ao rio, e lá ele me apontou uma casa com grandes vidraças no andar superior, onde um homem se agarrava a uma luneta para observar um barco de pescadores que passava. Aquele era Flaubert, o escritor seu amigo, que estava terminando de escrever o que ele dizia ser seu melhor livro. "Senhor Gustave!", Bouffet chamou do meio da rua, e o homem alto e gordo deixou a luneta e colocou o *pincenez* para ver quem o chamava. O escritor me observou demoradamente e fez um aceno de reconhecimento para Bouffet, não o animando a entrar nem prometendo descer. Meu amigo me puxou pelo braço e descemos a rua sem nos voltar. "É um homem às vezes muito temperamental", explicou, "e dizem que está sofrendo muito com a opinião desfavorável da crítica a duas peças teatrais que escreveu há pouco. Dizem que a única pessoa que gostou da primeira dessas peças, *Le sexe faible*, foi sua amiga George Sand, conhece?" Não, não conhecia. Bouffet me falou de Sand, uma bela mulher muito inteligente, escritora brilhante, que às vezes se dava o capricho de se trajar de homem e fumar em público. "Uma mulher, entende?", comentou, esperando o espanto que afinal não demonstrei.

Apesar dos protestos de Bouffet, quis seguir viagem no dia seguinte, e foi o que fiz logo de manhã, numa sege larga e confortável onde iam duas mulheres e um jesuíta. Madame Skovronski era polonesa de origem, mas vivia na França desde que seu pai, diplomata, havia morrido de uma apoplexia fulminante. Queria saber minha origem e o que eu fazia na vida. Resumi minha história e os três pareceram fascinados. A outra mulher, costureira em Paris, tinha ido a Ruão visitar os pais e estava de volta ao seu ateliê parisiense. Mademoiselle Boillot me perguntou sobre aquelas marcas no meu rosto. Respondi no melhor francês que conseguia falar, e os três continuaram me olhando. Afinal, Boillot quebrou o encantamento oferecendo a todos confeitos de chocolate. O jesuíta então me perguntou se eu era batizado e se freqüentava os sacramentos. Esclareci que era batizado e que estava regressando agora de uma peregrinação religiosa. "A Compostela?", o padre perguntou. "Não, a Meca", respondi. Um silêncio pesado baixou sobre nós e eu comi o último confeito que me ofereceriam até o fim da viagem. Nas imediações de Versalhes tivemos de esperar uma hora, e nossos papéis foram pedidos pelo menos três vezes por soldados franceses um tanto arrogantes, que só foram agradáveis com a jovem costureira do grupo. Ao passar por uma multidão que levava bandeiras e gritava impropérios, imaginei pelo que ouvi o que estava acontecendo. *Vive la République! A bas l'Empire!*

Aos poucos fui sabendo do resto do drama que a França estava vivendo naqueles dias. Descobri por acaso um pequeno hotel no número 7 da rue du Bac, onde havia uma placa na porta contando de que modo, na tentativa de fugir para Varennes, o rei e sua família haviam dormido uma noite naquele prédio. Deixei minhas malas num pequeno quarto do terceiro andar, onde o aluguel era mais em conta, e desci para conversar com o dono do hotel, que logo começou a me contar o que se passava na cidade. Após a capitulação em Sedan, os alemães haviam cercado Paris e as negociações com o governo prosseguiam, depois que a República havia sido proclamada. O ataque alemão não fora contra Napoleão III? Agora que ele não estava mais no poder, por que Bismarck insistia em humilhar a França? As lágrimas desciam pelo rosto do homem. Mas podia-se perder uma guerra com dignidade, argumentei, por que falar em humilhação? Claro, era humilhação o ministro das Relações Exteriores francês ser recebido pelo chanceler alemão em Ferriéres, ali perto de Paris, e ouvir dele que dos franceses os alemães não queriam a paz, mas sim a Alsácia e a Lorena, Estrasburgo e Metz. E Jules Fébvre havia voltado chorando a Paris, para dar conta do seu fracasso, contava o dono do Hotel du Bac.

Em toda parte eu ouvia falar muito no jornalista Victor Noir, que havia morrido havia menos de um ano, deixando uma grande ferida no coração dos parisienses. Todo mundo com quem falava me dizia que a França, afora Paris, era conservadora, mas os parisienses eram revolucionários por vocação. Fiz amizade com um "federalista" dono de um restaurante modesto no Quai des Orfévres, que costumava perambular pelas calçadas da região em busca de uma boa discussão, que os parisienses tanto amam. Apesar da sua origem operária, Pierre Pecquenard era bem relacionado no meio intelectual dito revolucionário, que incluía escritores e pintores muito conhecidos. Homem nervoso, inteligente e generoso, Pierre era exaltado por temperamento, sendo por isso apelidado de "girondino". Pecquenard me apresentava a amigos como "um revolucionário da África e da América", e sua mulher Lená, que esperava um filho para aqueles dias, insistiu para que eu fizesse doravante refeições por conta do casal no seu restaurante, enquanto estivesse em Paris "e durasse a revolução". Eles me achavam um mistério e pediam minha opinião sobre quase tudo.

Talvez porque quisesse me exibir aos seus amigos federalistas e progressistas, Pecquenard me levou a uma reunião numa bela casa da rue Saint-Georges, onde me disse que estaria a gente mais ilustre de Paris que dava apoio à revolução. Os donos da casa eram dois escritores famosos, Edmund e Jules Goncourt, que haviam publicado havia pouco o romance *Madame Gervaisais*, feito a quatro mãos, e que me aproximaram de outro escritor, o sr. Daudet e sua esposa, sra. Júlia, também escritora. Ela se aproximou de mim de um modo muito simpático, fazendo referência à túnica marroquina que eu vestia na ocasião e que havia comprado havia pouco em Londres. Naquela mesma noite conheci dois outros autores, que somente depois eu soube serem famosos, Joseph Ernest Renan e Victor Marie Hugo, com os quais mais tarde e já de volta ao Brasil troquei cartas e livros. Lembro que o sr. Hugo me falou da morte recente de um escritor sul-americano em Paris, Isidore Ducasse, que lhe pareceu especialmente brilhante apesar de muito jovem e que foi levado por uma misteriosa febre. O sr. Hugo tinha chegado havia pouco do exílio onde vivera muitos anos, e todos lhe prestavam grandes homenagens. Gravei uma frase que disse a mim e a outros na roda, sobre um livro que estava terminando de escrever: "É um romance barroco sobre o povo inglês lutando contra o feudalismo no século XVII, em que o herói é desfigurado no rosto desde sua infância".

No final da noite, ainda na rue Saint-Georges, conversei com Ernest Renan, professor da Universidade de Sorbonne, onde tinha sido doutorado com uma tese sobre Aristóteles e Averróis, este último meu conhecido de leituras antigas. Renan tinha escrito uma vida de Jesus Cristo e foi sobre esse assunto que falamos demoradamente. Uma vez que me identifiquei como muçulmano, pediu minha opinião sobre o "profeta" Jesus, e eu quis dizer alguma coisa sobre o conceito de profecia no islamismo. Falamos sobre as versões francesas do Corão e de livros em geral que versavam sobre o Islã. Quando mencionei o *Mantic utair*, que decorei por inteiro ainda menino, Renan saltou na cadeira e me surpreendeu dizendo que o livro fora traduzido e editado havia pouco na França, com o título *Le language des oiseaux*, pela Imprimerie Impérial. Ele conhecia o tradutor, o professor De Tassy, da Academia de Letras e Belas-Artes, que fora administrador da Escola de Línguas Orientais. Fiquei emocionado com a informação e prometi a mim mesmo conhecer De Tassy pessoalmente. Falamos então em outras coisas. Renan havia enfrentado muitas críticas, segundo me disse, pelo fato de ter apresentado em sua biografia o Nazareno como homem extraordinário, não como Filho de Deus. Cerca de um ano depois receberia uma longa carta dele em minha casa no Rio de Janeiro, sobre um novo estudo que estava escrevendo. Lembro que Renan estava muito feliz naquela noite que antecedeu de pouco a guerra civil em Paris porque seu professorado fora restabelecido no Collége de France, 20 anos depois da sua expulsão de lá.

Algumas semanas haviam decorrido daquela reunião, que me impressionou pela presença de tantos homens ilustres, quando os jornais anunciaram que as negociações francesas com Bismarck tinham sido interrompidas. Pierre me chamou para uma confraternização em sua casa, também na rue du Bac, à qual compareceram cerca de 30 homens que discutiram exaltadamente a situação. Soube mais tarde que aquilo que decidimos ali ficou também decidido em dezenas de outras reuniões em Paris: que o povo sairia para as ruas a fim de mostrar aos ricos e aos privilegiados que o homem comum francês não aceitava a derrota do país diante dos alemães. Que se os inimigos de sempre, os aristocratas e os ricos, haviam humilhado a nação com a sua incompetência, os trabalhadores iriam agora começar a "sua" guerra. "Jamais a Alsácia, jamais a Alsácia", gritavam apaixonadamente, e a frase berrada por toda parte me parecia musical, embora pouco entendesse do seu significado. Os dois meses que se seguiram àquela reunião na casa de Pecquenard, na rue du Bac, perto de Saint-Germain, foram os mais agitados e certamente os mais perigosos que eu já tinha vivido. As notas a respeito foram feitas por mim cerca de um ano depois, na minha casa das Laranjeiras no Rio de Janeiro, mas penso que conservei nelas o mais importante daqueles dias de revolução e amizade, de fervor guerreiro e de compaixão ao mesmo tempo.

Nossos inimigos eram os versalhistas, não porque pretendessem restaurar a monarquia um dia derrubada, como muitos pareciam acreditar. Eram nossos adversários porque odiavam os homens simples de Paris, os trabalhadores honrados, francos e corajosos que aos poucos fui conhecendo tão bem e admirando tanto. O estopim foi a tentativa de o chefe do governo provisório tentar desarmar essa gente que havia lutado com tanto heroísmo no cerco de Paris. Quando eles venceram as eleições de março, não me recordo o dia em que as longas filas de eleitores se formaram na cidade, via outros homens como Pierre (até fisicamente parecidos com ele) arregimentando as pessoas com seu cigarro no canto da boca, falando quase sem mover os lábios, mas conseguindo convencer e entusiasmar. Eles me olhavam com admiração sem que soubessem nada a meu respeito, apenas porque me imaginavam o africano pobre que combateria ao seu lado. Não me faziam perguntas sobre minha origem nem profissão, só me aceitavam. E eu me sentia um combatente da sua causa porque eles tinham se tornado meus irmãos.

Quando os versalhistas invadiram Paris estávamos trabalhando havia uma semana nas barricadas. Fui acordado de madrugada por um emissário de Pecquenard, Émile, que se mostrou muito contrariado quando viu no meu quarto do casarão da rue du Bac sua amiga Françoise, que tinha dormido ali. Émile ficou encostado no corredor falando um francês incompreensível para mim, até que minha amiga me disse que ele sentia um ciúme doentio por ela e poderia me fazer uma traição.

Empurrei-o escada abaixo e não o vi mais naquele dia. No sábado seguinte ele tentou me alvejar pelas costas na praça da Ópera, o que me fez ficar abaixado algum tempo e dar uma volta na praça até alcançá-lo e quebrar-lhe o pescoço com um golpe. Naturalmente não contei nada a respeito disso a Françoise, quando ela me contou o que os versalhistas haviam feito a Émile. Embora fosse inconstante no amor, ela gostava do pobre rapaz, e esse desencontro amoroso que acabou tão mal me desgostou bastante.

Parece que foi Pecquenard quem primeiro chamou seu pessoal de "federalistas", e depois essa designação correu Paris como uma ventania. Concentramos nossa resistência nas Tulherias e no Hotel de Ville, sede da prefeitura, lugares belos e majestosos que eu mal conhecia mas que aos poucos se incorporaram à minha memória e à minha vida. As reuniões do Governo de Defesa Nacional decidiram pelo que seus membros chamavam *un levée en masse*. Com o espírito revolucionário de 1792, eles cantavam *aux armes, citoyens, formez vos bataillon, marchons, marchons* com lágrimas nos olhos e com o pressentimento de que morreriam. As notícias corriam de homem em homem, onde estivéssemos: deitados nas barricadas, em pequenos túneis junto ao rio, nas portarias suntuosas das casas. Gambetta foi para Tours a fim de insuflar a revolta, Gambetta fugiu de Paris num balão. Guilherme da Prússia era agora o imperador da Alemanha; o segundo Reich alemão fora inaugurado no salão dos espelhos de Versalhes, os traidores, a França só seria ocupada em parte, e Bismarck exigia a imperatriz de volta para negociar a paz. Depois veio a notícia vibrante de que ela não faria nada para enfraquecer o Governo de Defesa Nacional. Meu Deus, como tomávamos vinho e limpávamos nossas armas, e ríamos todo o tempo ou cantávamos o hino da primeira grande revolução. Aquela em que estávamos seria a segunda e definitiva. E combatíamos, depois que foi dada a ordem de combater, repetindo nos intervalos da luta a frase quase sem sentido *A la guerre comme à la guerre*. De quanta tolice era feita a paixão política.

Conheci no nosso quartel da rue du Bac uma mundana estrangeira que vivia em Paris havia alguns anos e que agora lutava com os federalistas: La Paivá, famosa por ter posto fogo num monte de notas de doze mil francos de um cliente que só a possuiria enquanto o dinheiro estivesse queimando. La Paivá usava duas pistolas debaixo do vestido, mas isso nunca pareceu intimidar aqueles que ela consolava nas barricadas, e que não foram poucos. Num grande prédio do bulevar Haussmann, onde vi vários homens de Versalhes entrarem armados, descobri também uma sala onde algumas mulheres armadas se escondiam do tiroteio, temendo principalmente ser estupradas pelos versalhistas que dominavam as ruas. Subi as escadas aos saltos, levando comigo uma pistola e uma espada.

Quando entrei na sala todas gritaram, amedrontadas. Pouco depois me olhei num espelho que havia sobre um aparador e me vi como elas me viram: um negro alto, envolto numa pelerine azul-marinho, botas pretas e espada na cinta. As escarificações no meu rosto tinham sido quase apagadas com o tempo, mas agora que minha pele brilhava com o suor, elas apareciam claramente. Sorri e fiz uma curvatura à francesa. Algumas mulheres conseguiram sorrir também, e afinal todas me aplaudiram como se eu fosse seu salvador. Saímos juntos à rua, eu à frente delas. Eram oito ou nove, e atravessávamos o bulevar Haussmann na direção da rue Halévy quando uma pequena tropa de versalhistas investiu na nossa direção, saída do saguão imenso e escuro de um edifício. Disparei a pistola para que eles parassem e corri na sua direção. Feri com a espada, com os pés e com a mão esquerda livre. Uma das mulheres também disparou contra os soldados do governo. Um minuto depois havia homens em toda nossa volta, e nosso grupo avançava. Das janelas de um prédio em frente, alguns homens davam vivas à República e batiam palmas para nós. Mudamos de direção, corremos para lá. Uma das mulheres havia ficado para trás e eu voltei para levá-la comigo. Quando a amparei com meu braço, vi que era La Paivá, e seu ferimento no tornozelo parecia insignificante. Deixei as mulheres com o grupo de revolucionários que tomara o primeiro andar do casarão e subi três andares com La Paivá, ambos em silêncio galgando decididamente os degraus. Era com se soubéssemos o que íamos fazer. De fato sabíamos. Lá em cima nos abraçamos como antigos amantes que não se viam há muito, eu que só a vira na porta de um teatro uma semana antes, cercada de admiradores. Abrimos as janelas de um quarto e descobrimos que ele estava muito bem mobiliado. Na alcova ao lado havia uma grande cama e foi ali que nos atiramos. La Paivá manteve o par de pistolas que trazia junto às ligas, enquanto nos amávamos. Encostei minha espada no espaldar da cama, enquanto ela dizia em voz baixa:

"Um negro, um negro de verdade, sempre quis ter um negro comigo..."

Uma hora depois, naquele mesmo dia (creio que era a metade do mês de abril, porque havia então muitas flores novas em Paris), vi-me envolvido na maior fuzilaria que já testemunhara em minha vida. Foi atrás do edifício da Ópera. Uma estátua da grande praça ostentava uma bandeira vermelha, defendida pelos federalistas que se apertavam no final da rue Lafitte e disparavam na direção dos boulevares. Os versalhistas respondiam, entrincheirados na rue de Provence. De dentro do Porte Cochére homens e mulheres gritavam vivas aos federalistas e se apertavam as mãos. Ninguém se entendia, na verdade, e todos pareciam muito emocionados, gritando frases, mandando recados, cantando, envolvidos pela idéia de que estavam vivendo um momento de glória. Só tinha visto antes alguma coisa parecida na revolução dos malês em Salvador, havia 35 anos. Alguns homens se escondiam atrás das árvores e disparavam em quem aparecia nas calçadas, sem saber de que lado estava porque não se podia adivinhar daquela distância nem sequer o sexo de quem se avistava. Não era assim em todas as guerras, onde era necessário matar para não ser morto?

Para Pierre Pecquenard, agora que chegara ao fim o combate direto com o inimigo prussiano e seus lanceiros montados, os *Uhlans*, o enfrentamento dentro da pátria teria de ser o mais terrível, e contra ele os federalistas tinham de ser mais cruéis e determinados do que nunca. A sede de sangue daqueles franceses me deixava às vezes melancólico. E o que Pierre dizia não era somente uma repetição do que todos liam no patriótico *Le Moniteur,* mas a opinião raivosa da maioria do povo parisiense. Assim como os alemães sempre haviam repetido naquela guerra que Deus estava com eles – *Got mit uns!* –, os federalistas que lutavam contra os versalhistas diziam que a França estava a seu lado. Nos intervalos da luta, Pierre passeava no grande saguão do nosso quartel na rue du Bac com um lenço vermelho ao pescoço e discursava para os companheiros. Éramos a *canaille* para os governistas acantonados em Versalhes; eles, para nós, eram o traidores da honra francesa e os capitulacionistas que deveríamos matar até o último homem. Eu ouvia em silêncio, mas não sentia meu coração envolvido naquela causa. No fundo queria a paz antes de tudo, porque tinha a certeza de que nascera ali um grande mal-entendido em torno de palavras, daqueles difíceis de esclarecer porque para cada homem de cada grupo somente suas idéias prevaleciam. Nessas reuniões todos falavam com exaltação e muitos lembravam acontecimentos de meses passados, durante o cerco de Paris pelos prussianos.

Um homem muito magro, que havia despertado minha atenção pela crueldade demonstrada durante o combate, um certo Percival Moet, dizia que tinha visto morrer o melhor da mocidade francesa entre lanceiros, hussardos, dragões e caçadores. Dirigindo-se a Pierre, chamava-o de *mon géneral* e lhe fazia uma espécie de continência. Outros intervieram, como Georgette, uma guerreira que me dava arrepios por sua fúria revolucionária, Anatole, um cozinheiro que se gabava de haver matado cerca de trezentos versalhistas, e Bazaine, uma espécie de elegante espadachim de outro tempo, que tinha horror a sangue e por isso matava os inimigos a no mínimo 50 metros de distância, com tiros de pistola. Os nomes do rei Wilhelm, de Von Moltke, o do imperador Louis Napoleón, o de Von Roon e de Bismarck voavam pela sala entre impropérios, enquanto os nomes de Gambetta, de Thiers, o do general dos Estados Unidos Phil Sheridan e até o da antiga imperatriz eram pronunciados com algum respeito. Anatole dizia numa daquelas noites, tomando vinho e fumando: "Agora que os próprios franceses são nossos adversários, nossa determinação não deve ser menor, porque um irmão tem mais direito de castigar o irmão que erra, do que um estranho". Georgette lembrou que Bismarck disse ao Thiers que fora generoso com os franceses porque lhes deixara aos menos os olhos para que chorassem. "Deixou também nossos braços, para que cortássemos as cabeças dos que traíram a França de dentro da França." Havia muita paixão no ar, naqueles dias.

A Escola de Línguas Orientais, na rua de l'Université, era um imenso prédio sombrio como nunca tinha visitado outro na vida, e no seu interior o cheiro de mofo era quase insuportável. Lá consegui o endereço de Garcin de Tassy, de quem Renan me havia falado na casa dos Gongourt, enviando-lhe em seguida uma carta em que pedia um encontro. Preferi não dizer que já havia lido a tradução famosa para o francês de *A linguagem dos pássaros*, feita por ele, comprada no meu livreiro da rua do Ouvidor, no Rio de Janeiro, havia alguns meses. Queria ouvir dele tudo sobre a obra de Rumi, que me inspirou a vida inteira, sem falar da minha relação com o poema que, já na minha infância, em Timbo eu conheci. Dias depois nos encontramos no restaurante Des Ministéres, ali mesmo na rue du Bac, quase no cruzamento com Saint-Germain. Tassy caminhava com dificuldade, as mãos terrivelmente trêmulas caídas ao longo do corpo. Conversamos sem pressa, durante o jantar no restaurante deserto. Enquanto falávamos, podíamos ouvir tiros ao longe. Joseph Héliodore Sagesse-Vertu, conhecido no mundo universitário como Gracin de Tassy, ouvia minha história com grandes exclamações de admiração. Nosso amor comum pela obra de Attar fez com que gostássemos um do outro ao primeiro contato. Ao final, antes de trocarmos endereços, ela me falou na morte violenta do nosso amado poeta como se ela tivesse ocorrido recentemente, e não seis séculos antes.

"No ano da Hégira de 596, ele foi perseguido pela espada que tudo devorava como o sol", disse Tassy, os olhos muito abertos. E acrescentou: "Aos 82 anos, a idade que vou ter muito em breve. Gostaria de morrer nessa ocasião...".

Tassy me disse que eu era mais um entre aquele homens que ele conheceu e que haviam feito da obra central de Udin Attar o livro da própria vida. E todos eles tinham uma coisa em comum: a certeza de que temos de nos voltar para nós mesmos a fim de encontrar o que a maioria procura longe de si pela vida afora.

"Somos assim", ele falou, inclinando-se para mim e me fitando de perto com seus olhos muito azuis: "Somos assim: sabemos que o Simorg está aqui dentro, e não perdemos mais tempo com o resto...".

Quando nos despedimos, ele tirou de uma pasta um exemplar da sua tradução de *Mantic uttair* e o assinou para mim. Tenho esse livro diante de mim na minha estante ainda hoje, e não desejo me separar dele até a morte. E Tassy leu em voz alta, já de pé antes de sair, a frase de São Jerônimo em latim, com que encerrou seu trabalho: *Vel verbum e verbo...*, que traduzi logo que cheguei ao meu quarto, um pouco adiante na mesma rue du Bac: "Às vezes traduzi literalmente, palavra por palavra, às vezes foi a coisa literária que saiu, idéia por idéia, ou então equilibrei as formas de um modo temperado."

Dias depois, no pequeno hotel do sr. Montmayeul, meu amigo Philippe Courbin me aconselhou a voltar para minha pátria, uma semana depois que os combates haviam começado em Paris, e deu suas razões para esse conselho. A causa dos federalistas estava perdida, os versalhistas matariam todo mundo como compensação pela derrota de Sedan. Minha família me esperava no distante Brasil, e eu de fato pertencia agora ao Rio de Janeiro, tendo portanto compromisso com ele, mais do que com a França ou com Paris. Disse que pensaria nisso depois e que agora queria ficar com meus novos amigos para ajudá-los no que pudesse. No hotel de la Chaussée d'Antin havia uma linha de artilharia instalada na recepção. Passei uma manhã por lá com Courbin, a caminho da igreja da Trindade, onde ele me dissera que havia duas mulheres mortas e duas outras presas na torre do templo, sob pressão dos versalhistas. Iríamos libertá-las e levávamos armas sobressalentes para quem pelo caminho quisesse fazer uso delas a nosso favor. Foi fácil resgatar as mulheres, e dali seguimos para o jardim das Tulherias, onde havia muitos feridos porque na véspera um dos focos de luta havia se transferido para lá. O outro era ainda no Hotel de Ville, onde muita gente morria diariamente havia uma semana.

Tropas de versalhistas entraram correndo na Place du Carroussel, enquanto um casal pedia socorro atrás de uma estátua de Mercúrio, empunhando uma bandeira vermelha. Fui até lá disparando para todos os lados e me escondi enquanto as balas silvavam em torno de mim ou ricocheteavam nos muros. Peguei a mulher no colo, quando vi que estava ferida por um tiro na perna. O homem correu ao meu lado e voltamos para trás das barricadas que durante a noite foram colocadas ali. Fiz um torniquete na perna da mulher, com um ramo de árvore que cortei com uma faca, enquanto disparavam na minha direção desde o outro lado da rua. Depois fomos, eu e o silencioso Courbin, para o Ministério das Finanças, cujo prédio estava pegando fogo. Mais tarde, na rue du Bac, Courbin falaria nas mulheres terríveis da revolução de setenta anos passados, sobre as quais tinha lido muito e as quais seu avô teria visto de perto no episódio da Bastilha, que testemunhou. Théroine de Mirecourt era o nome de uma daquelas feras, exatamente a que levantou numa lança a cabeça ensangüentada de madame de Lamballe para que sua amiga Maria Antonieta a visse do fundo de sua cela e gritasse de horror ao reconhecê-la.

No dia seguinte vaguei de manhã pela margem esquerda do Sena, onde havia muita fumaça escura de incêndios e onde chegava a trovoada dos tiros de canhão. Havia gente correndo em todas as direções, gente desarmada e em pânico. Por volta do meio-dia uma grande explosão abalou a cidade – algum paiol de pólvora que fora pelos ares no extremo sul de Paris. Andei pelo cemitério Pére Lachaise antes que ele se tornasse o último reduto da Comuna e descobri ali alguns mortos desenterrados por ladrões, uma cena estarrecedora, com dedos cortados e bocas rasgadas pelos que procuravam anéis e dentes de ouro nos cadáveres. Courbin andava ao meu lado cabisbaixo, repetindo que éramos todos animais furiosos, que éramos piores que animais porque éramos demônios. E ele me tomou o braço na saída do cemitério:

"Muçá, meu irmão, vá-se embora para o seu país onde está sua gente. Onde talvez estejam precisando muito de você." Fez uma pausa e continuou: "Se eu pudesse também iria, mas meu lugar é aqui. Minha gente necessita de mim aqui".

Dois anos depois eu soube no Rio de Janeiro que Philippe Courbin havia morrido um mês após aquela tarde, e ali mesmo no cemitério onde o vira pela última vez. As barricadas de Port Maillot tinham sido um prenúncio do fim e tudo afinal acabara no Pére Lachaise, sob as baionetas das *forces d'ordre*. A resistência no Jardin des Plantes fora esplêndida, sobretudo a das mulheres do batalhão de Louise Michel em Montmartre, que acabou onde os últimos morreram, inclusive os que se renderam e foram abatidos. Os últimos dias em Paris foram a gota d'água, que mudou para sempre minha idéia sobre a guerra e a violência, e que me restituiram o verdadeiro e tradicional sentido de *jihad* no meu coração.

Embarquei para o Havre no dia seguinte, escondido numa carroça que levava alguns móveis para um comerciante normando. Fiquei trancado no quarto de uma estalagem por dez dias, tendo comprado bem caro o silêncio do dono da casa, até que meu navio vindo de Liverpool, o "New World", zarpou para Lisboa e Salvador, a caminho do Rio de Janeiro. Não me despedira de Pierre Pecquenard, porque ele teria entendido minha partida como uma deserção. Mas eu tinha consciência de que não pertencia àquele lugar, de que era uma visita e que já pagara meu preço por ter sido levado até ali pelo acaso. Todos aqueles homens do hotel de Montmayeul na rue du Bac, que eu ouvira falar com a mesma paixão na morte e na liberdade durante quase um mês, devem ter morrido até a metade daquele mês de abril, quando havia tantas flores nos canteiros de Paris que nunca foram vistas pelos milhares de olhos que uma guerra medonha entre irmãos cegou para sempre, essa mesma guerra que fez parar tantos corações generosos. Chorei alguns dias a bordo do "New World", mas depois me concentrei no oceano e me reconciliei de novo comigo mesmo.

Aproveitei aquelas quase três semanas no mar para trazer do fundo da memória as parábolas do *Mantic uttair*, que estavam quase soterradas por tantas visões estranhas e assustadoras dos últimos meses. Recordei que na obra fundamental da minha formação religiosa, a primeira manifestação do Absoluto (que ali era chamada Simorg) teve lugar na China, numa noite sem lua, e que sua fama logo correu o mundo. Cada homem que dela ouviu falar imaginou uma forma e a tomou como verdade em seu coração. E o profeta recomendava: "Busca o conhecimento, ainda que ele se apresente sob o manto da sua fantasia. Com o tempo, ele se desnudará". Esse começo do *Mantic uttair* falava diretamente a mim, quando o recordei naqueles dias de isolamento tão esperados, a bordo do "New World". Reescrevi num caderno tudo o que a memória me devolvia pouco a pouco, e me entregava à meditação comparando minhas experiências na vida com a sabedoria daquelas aves da grande parábola. O rouxinol é o apaixonado, o visionário religioso, e ele ouve do corvo que o amor do perecível é somente ilusão, e que o amor que não transforma o amado, para nada serve. Manhãs e tardes inteiras no tombadilho vazio, as pernas envoltas na manta de lã que trazia comigo do camarote, pensei naquelas aves e nos pensamentos que elas me evocavam. Uma tarde, dois dias depois de termos deixado as Canárias, tive uma experiência extraordinária que deixo de anotar em detalhes porque me pareceu impossível então, como me parece agora quando reescrevo estas notas, falar do que não foi feito para ser falado. A sensação de maravilha que se apossou de mim – não de maravilha, apenas, mas da "presença" de alguma coisa difícil de definir – até hoje me visita e some quando bem entende, e quando está comigo estou tão silencioso por dentro que me seria impossível dizer ou escrever uma só palavra que seja. O "New World" chegou ao Rio de Janeiro na manhã que se seguiu a uma noite em que não dormi, mas fiquei desperto no convés como quem vigia a chegada de alguém. A visão da cidade com suas luzes noturnas ainda acesas foi somente um ponto final e brilhante numa noite escura e maravilhosa, que hoje me parece ter passado como uma fração de segundo na eternidade do tempo.

4

Victor Hugo, Eusébio e Adelaide

1871/1872

A volta foi deliciosa, como sempre, porque o gosto de reencontrar a família, os amigos e os recantos conhecidos da cidade era prolongado por semanas e meses, e punha em cada passeio, e até mesmo à esquina, o sabor de novidade e de aventura. Mas encontrei Olufeme enferma, com dores no ventre e uma pequena febre que retornava todas as tardes. Não quis concluir nada sobre sua doença desde logo para poder observar sem pressa seus sintomas. Minha mulher estava mais silenciosa que de costume e movia-se com uma lentidão que não era comum nela. A morte de Tiago havia deixado uma ferida na sua alma que nunca cicatrizara, embora havia muito tempo não falasse mais nele.

"A morte, meu filho", ela me perguntou uma tarde na varanda dos fundos, onde ficávamos lado a lado longas horas, "a morte apaga a memória do mundo em quem morreu?" Olhei de perto seu rosto abatido e tive vontade de beijá-lo, mas isso poderia impressioná-la.

"Penso que o tempo acaba para quem morreu", falei, passeando a vista no fundo do quintal. "E é difícil para nós, que vivemos mergulhados no tempo, saber como é a existência – se podemos chamar assim – numa condição intemporal. Mas não é a memória que nós conhecemos que sobrevive, porque afinal isso seria horrível...” Olufeme ficou imóvel na penumbra alguns segundos e se voltou para mim, sorrindo.

“É, meu filho, seria horrível...”

O retorno ao consultório de Horácio Mendes na Santa Casa me devolveu a alegria das nossas longas conversas e as lembranças da nossa peregrinação a Meca, com o gozo de narrar meus dias de espanto e agonia em Paris, nos combates de rua da Comuna. Horácio me aconselhou a escrever um relato daquelas aventuras para publicação em jornal ou em forma de livro, mas nunca pensei seriamente na sugestão. É verdade que havia no Rio de Janeiro da época muita curiosidade em torno da figura voluntariosa de Napoleão III e mesmo da de Bismarck. Passeamos, dias sucessivos, pelos corredores do grande edifício da Misericórdia, conversando em voz baixa, mas muito animadamente, sobre aqueles assuntos. Andávamos também até a praia de Santa Luzia, dando a volta em torno do morro do Castelo até quase o chafariz da Carioca e a antiga rua Direita, em cuja esquina com o Largo do Paço havíamos almoçado tantas vezes no restaurante chique e ornamentado de flores do Hotel de France. Numa dessas ocasiões, Horácio estava tão empolgado com minha narrativa sobre a luta no Hotel de Ville que decidiu não voltar para o hospital aquela tarde, tomando uma sege comigo para as Laranjeiras, onde jantaríamos com Olufeme e meu neto Ibraim, que ele não via havia muito tempo.

Nessa ocasião tive oportunidade de fazer uma experiência que deixou Horácio muito admirado, e a mim mesmo não surpreendeu pouco. Meu amigo havia me falado de um dos seus internos que tinha dia e noite um policial ao seu lado. O sujeito tinha impulsos violentos incontroláveis e havia estrangulado uma menina, depois de possuí-la à força. Como tinha fraturado a bacia numa queda dias antes da sua localização e imediata prisão, ele não pôde ser removido da Santa Casa por causa do risco de morrer com uma hemorragia interna. Enquanto se recuperava em absoluta imobilidade, era mantido acorrentado à cama num canto de enfermaria que fora isolado por um tabique móvel, ao lado de um policial que vigiava seu comportamento. Um médico alienista que o examinara havia dado um diagnóstico de "insanidade criminosa incurável", o que não convencera meu amigo. Pensei imediatamente em Hippolyte Bernheim, que havíamos conhecido pessoalmente em Estrasburgo, e nas aulas que me dera em dias sucessivos, com a desaprovação descrente mas sempre muito sóbria de Horácio.

Fomos à Santa Casa ver o homem, e na mesma hora o submeti aos "fluidos magnéticos", com o auxílio do relógio de algibeira com uma longa *châtelaine*, de que não me separava e que balancei diante dos seus olhos até que ele dormiu. Horácio e o guarda me olhavam de olhos arregalados, e quando comecei a fazer as sugestões orais em voz mansa e determinada, ficaram ainda mais surpresos. Voltei no dia seguinte e repeti a sessão, e não voltei mais lá. Somente seis meses depois, Horácio me contou que o homem seria julgado nos próximos meses, mas seus carcereiros estavam admirados com sua mudança de temperamento. Quando o interrogavam sobre seu crime, chorava e dizia não entender como fizera aquilo. Soube, após alguns anos que o seu comportamento na prisão nunca se alterara, e acreditei que as lições de Bernheim tinham servido para alguma coisa. Horácio passou a estudar, dali em diante, os livros de Liébault que tratavam do assunto e que ele trouxera da Europa. Depois chegou até mesmo a escrever para esse médico, em Nancy, e também para Bernheim, em Estrasburgo, mas nunca me mostrou as respostas que recebeu deles, se é que as recebeu.

Uma tarde, por essa época, Horácio me falou em detalhe da lei aprovada pelo Império libertando todo homem e toda mulher nascidos de escravos no Brasil. Muita coisa havia acontecido no país sem que eu tivesse me dado conta dos seus contornos e significados. Horácio me falou, também, sobre a correspondência que um jornalista amigo nosso, Leonardo Palhano, mantinha com um negro americano que era um dos líderes da libertação final dos antigos escravos nos Estados Unidos. Chamava-se Lewis Douglass e era filho do famoso Frederick Douglass. Ambos, pai e filho consideravam na sua luta que as leis libertando completamente os negros do cativeiro naquele país não haviam saído propriamente do papel em que foram impressas, e o jornal *New National Era*, editado na capital, Washington, explicava suas razões. Palhano andava com exemplares da folha mostrando aos conhecidos que sabiam algum inglês os artigos incendiários de Lewis Douglass e os discursos de seu pai.

Já no meu escritório, em casa, Horácio Mendes tirou de uma grande sobrecarta que trazia consigo um jornal dobrado em quatro, que abriu com cuidado antes de me passar. "The spirit of slavery", começava o artigo assinado pelo jovem Douglass, "remained very much alive in the South of my country." O *New Era* se dizia "the first friend of the freedmen as their champion and defender under military rule, and after the re-establishment of civil authority, as their advocate". Pedi a Horácio que deixasse o jornal comigo até o dia seguinte e, com o auxílio de um dicionário, traduzi naquela noite não somente o artigo, como notícias e comentários encontrados na publicação.

A mim parecia que a verdadeira libertação interior do homem, fosse ele branco ou negro, ainda estava para ser feita, principalmente a dos brancos, e isso era o que importava, não apenas no Brasil daqueles dias, mas no mundo e em todos os tempos. Após meu retorno, falei sobre isso na primeira reunião do grupo do Valongo, que nunca havia deixado de se reunir semanalmente na minha ausência. Lá estavam Soíca, meu irmão pelo espírito, Jaja e Sule, além de Babu, filho de Cala, que tinha morrido assassinado havia uns cinco anos, Afiba, Sulim e Osvaldo, o antigo malandrim que eu havia machucado e que então freqüentava a nossa *tarica*. Mas eles queriam que eu falasse sobre a peregrinação a Meca e Medina e que, outro dia, trouxesse Horácio para que também ele pudesse discutir o assunto. Nenhum deles tinha jamais feito o *haji*, mas todos prometiam interiormente a si próprios cumprir essa obrigação islâmica.

Mas insisti em falar naquele tema da libertação, que me parecia essencial no sufismo islâmico onde estavam nossas raízes religiosas. Isso explicava inclusive estarmos um pouco distanciados do cumprimento tradicional dos preceitos muçulmanos, sendo o Islã para nós um elo com a transcendência, com alguma coisa mais alta e mais profundamente humana do que a pobre rotina da vida de um homem negro naquele lugar e naquela época.

"A peregrinação a Meca é na verdade um símbolo da peregrinação pela vida, o caminho da ignorância até a Luz, o qual Deus espera que todo homem faça naquela que é de fato a sua única existência", comecei, querendo motivar os irmãos. A idéia de viajar, no entanto, teimava em permanecer no ar. Diante do silêncio descontente, prossegui: "Vamos lembrar que o mais comum é o religioso ir até Meca e Medina e voltar no mesmo ponto em que estava, tendo apenas alguns casos para contar àqueles que não puderam fazer a viagem. Isso parece muito pouco numa vida humana…". Aos poucos, as atenções iam sendo cativadas, e atenção era meditação, eu sabia disso. "Estar aqui, estar ali, nada muda com isso, a alma é a mesma alma dominada por miragens, como o viajante sedento no deserto. Um invejoso pode dar dez vezes a volta ao mundo, que isso não reduzirá em nada sua inveja dos outros. Mas se ele fizer sua peregrinação da maneira correta, viajando por dentro – já falamos nisso –, pode estar modificando a própria essência, e aí entenderá a inveja como parte dele próprio, não como alguma coisa que se colou a ele e que pode ser removida por um método qualquer…"

Soíca tocava sempre nas questões mais sensíveis, o que nos primeiros tempos das reuniões parecia contrariar a maioria, que desejava narrações visuais e incidentes que pudessem ser vistos com os olhos da imaginação. Jaja quisera saber antes se eu vira "fenômenos", se conhecera "faquires" que dominavam a dor física, e eu disse que não tinha visto nem ouvido nada a respeito durante a viagem. "Mas a dor física, o cansaço e os incômodos da peregrinação podem desaparecer quando se chega perto de Meca", dizia Soíca, acrescentando: "Ao menos é o que contam muitos peregrinos...". Comentávamos com a naturalidade possível que o homem tocado pela revelação sabe o quanto a dor e o desconforto físico e mental são como fantasmas, que assustam mas não têm consistência, assim como as opiniões dos homens e o medo noturno das crianças. Babu queria puxar o assunto mais para a terra, de acordo com a sua natureza: havia eu visto algum caso de peregrino que conheceu cura de doença ao chegar a Meca? Gostaria de dizer que eu próprio tinha sido curado de cansaço, mas isso pareceria ilusório e com o exemplo eu tiraria a força da verdadeira questão. Disse então que testemunhei o fenômeno em outros homens, mas nunca pude ter certeza. E Soíca uma vez mais fez a pergunta própria:

"Por que os fenômenos nos atraem tanto, e o sentido dessa sedução pelos fenômenos nos escapa sempre do espírito, por mais que queiramos saber a respeito?". Falamos longamente sobre isso e afinal deixei uma dúvida no ar: "Será que queremos de fato saber?" Hoje estivemos falando também sobre a sedução da magia, do mistério, da superstição, que são coisas que passam muito longe da verdadeira religião", dizia Soíca, muito magro, em pé no meio da sala, os braços caídos ao longo do corpo.

Enquanto estive viajando havia aparecido no Rio um novo jornal, *A República,* onde trabalhava como gerente Enrico Gianarelli, que fora meu paciente na enfermaria da Santa Casa e que eu havia curado de uma intoxicação com cáscara sagrada e feijões mesquite, tendo ele se tranformado num daqueles bons amigos que fiz com a minha medicina ilegal, como a chamava Horácio. Uma noite apareci na redação da rua do Ouvidor e conversei longamente com o Enrico, que tinha um sotaque italiano muito forte, dizendo-lhe que queria trabalhar no jornal como revisor e que já tinha exercido bem esse cargo na *Gazeta de Notícias* e em dois outros jornais fluminenses.

"Mas vosmecê me contou uma vez que nasceu na África, verdade?", perguntou. "Como é que aprendeu a falar e a escrever nossa língua tão bem?" Expliquei-lhe que sempre lera muito e que tinha um bom ouvido para línguas. "Vosmecê fala outras línguas?", volveu ele. Disse que falar mesmo não falava nenhuma, exceto o português, mas que tinha bons conhecimentos de latim, hebraico, árabe, hauçá, fulani, inglês e francês, aprendidas por alto em vários lugares e diferentes épocas. Agora mesmo havia testado as duas últimas na Europa, com resultados satisfatórios. Enrico deu uma risada e me perguntou quando queria começar. "Agora, se puder..." Comecei no dia seguinte.

Aquela folha tinha uma tipografia própria, saía diariamente e podia se orgulhar de uma vasta circulação. Sua maior estrela era o jovem Quincas Nabuco, filho de um grande jurisconsulto que possuía uma das maiores bancas de advogado do Rio. Entre os nomes que assinavam artigos e manifestos, quando não escreviam editoriais em nome do jornal, constavam os de Rangel Pestana, Flávio Farnese, Aristides Lobo e Salvador de Mendonça. O jovem bacharel Nabuco era avesso ao republicanismo, mas fazia críticas severas ao imperador, de modo que se sentia em casa no jornal. Eu queria que *A República* divulgasse folhetins estrangeiros para que eu pudesse também traduzir, como tanto me agradava, mas na época creio que somente *O Globo* publicava os folhetinistas franceses, que depois tive oportunidade de traduzir repetidamente. Chegava às cinco horas da tarde na redação da rua do Ouvidor e saía de lá por volta da uma hora da manhã, logo que relia a primeira página ou alguns parágrafos acrescentados aos editoriais. Pegava sempre a última carruagem que me levava ao Largo do Machado, e na porta do Hotel dos Estrangeiros tomava uma sege para minha casa. No jornal, as crises políticas do ministério conservador do visconde do Rio Branco faziam com que as edições se atrasassem com notícias (ou interpretações de notícias) de última hora, o que me fazia dormir na própria redação (no quarto do vigia, onde havia três leitos) até por volta das oito horas, quando havia de novo carruagens de aluguel no Largo do Paço.

Por essa época, me agradava caminhar pelos bairros próximos ao mar com Horácio Mendes, depois de almoçarmos em alguma peixaria ou pensão que ele descobria por intermédio dos seus clientes ricos que viviam buscando prazeres novos na cidade que se "europeizava". Lembro que íamos à Gamboa, à Saúde, ao Saco do Alferes, a São Diogo e à Cidade Nova, bairros onde predominava população mais modesta, quase sempre negra, mas onde havia cozinheiras talentosas dispostas a vender seus quitutes. Íamos com freqüência ao Alcazar Lyrique Française, que era freqüentado diariamente pelos mesmos tipos elegantes que passeavam no fim da tarde pela rua do Ouvidor, os chamados *dandys*. Em volta do Paço íamos comumente ao restaurante do Hotel Ravot, ao do Hotel des Princes, ao Fréres Provençaux. Em Botafogo, mais perto de minha casa, havia o Hotel de Londres, procurado pelos solteiros e boêmios que desejavam conhecer "horizontais" de fino trato – que eu e Horácio evitávamos sistematicamente por ser esse comércio contrário às nossas convicções religiosas e pelo ambiente desmoralizante dos lugares que essas mulheress freqüentavam. Mas uma ou outra companhia daqueles senhores me agradava.

Nesse período, passei a me vestir como Horácio, preferindo a lã preta sombria, pesada, usando raramente lã cinzenta, calças de xadrez e coletes diversos. A sobrecasaca e o fraque preto eram uma constante para nós, ainda que fosse verão e fizesse muito calor, quando nos permitíamos trajar calças brancas ou de camurça, ou ainda o dril, que era raramente usado. O que mais me incomodava eram os colarinhos brancos de ponta virada, que além do mais pareciam pedantes e positivamente não me caíam bem. A cartola era universalmente usada, não sendo comum ainda o chapéu-coco de influência inglesa. Quando cheguei da França encontrei uma novidade no Rio: as polacas haviam invadido o mundo da prostituição do Rio de Janeiro. Mulheres de fala não portuguesa e de pele muito branca exerciam grande atração sobre todo tipo de homem. Meus conhecidos negros e mulatos apreciavam as polacas "branquelas" e rechonchudas, mas quanto a mim e Horácio, nas nossas confidências admitíamos que as morenas, mulatas e negras nos atraíam mais. As polacas eram judias que tinham "empresários" também judeus, e elas foram identificadas, durante muito tempo, pelos papagaios de poleiro que mantinham nas suas janelas e portas, onde quer que morassem. Não procurávamos mulheres públicas nas suas casas de portas abertas, mas eu particularmente tive amizade com algumas delas, como no passado, na Bahia. Havia qualquer coisa que me atraía nas prostitutas, não sua disponibilidade sexual.

Era uma liberdade no falar e no pensar que às vezes se aproximava misteriosamente da inspiração e da poesia.

Yvette, uma francesa de uns 30 anos, tinha uma casa perto dos Arcos da Carioca onde eu passava às vezes para tomar um chá e conversar, quando saía do jornal. Quem nos visse subir para o quarto imaginaria o que era possível imaginar nessas circunstâncias, mas nós apenas falávamos e ouvíamos um ao outro com extraordinário deleite. Sabia que se alguma vez nos entregássemos ao prazer, aquela visita poderia ser a última. Por isso mantínhamos uma certa distância física, embora nenhuma distância moral ou intelectual. E Yvette era diabolicamente inteligente, essa era a verdade. Gostava de música sinfônica, de licores italianos, de unhas longas bem tratadas e de meninas virgens bem novinhas. Na última vez que nos vimos ela se despiu completamente para que eu lhe aplicasse um clister de folhas de pita a fim de curar dores fortes no peito e que ela julgava serem do coração. Vi de perto seu corpo e ele não me atraiu nem um pouco. Depois, sua preferência por meninas me dizia que nossa atração mútua seria sempre intelectual, e era bom que ficássemos nisso.

Belle era "polaca" mas nunca havia estado na Polônia. Falava comigo sobre seus primeiros amores, sua conversão espiritual e sobre a decisão da família de vendê-la para um "empresário" de Kiev, que levava moças para o Brasil e a Argentina e, depois, as levava à Europa de volta, riquíssimas. Ríamos juntos quando lhe pedia que repetisse essa história com detalhes. Ela trabalhava agora para Jacozinho, um tipo brilhante e muito organizado na sua atividade, que na ocasião reunia cerca de quinze polacas. Belle tinha um sotaque delicioso e ria com facilidade como se vivesse a mais feliz das existências. Uma vez comprei um par de brincos para ela, que lhe ficaram muito bem. Conheci Mariane por meio dela. Essa era francesa de verdade, tendo nascido em Brest. Falávamos em francês, e enquanto ela bebia aguardente eu tomava chá. Nunca senti grande atração por Mariane, mas nos víamos toda semana, durante um longo tempo. Uma vez ela me perguntou se eu não gostava de mulheres e eu lhe respondi que gostava muito, mas não exatamente em troca de dinheiro. Quanto a ela, tinha-lhe muita amizade e por isso ia sempre até sua casa. Anotei num caderno as histórias que Mariane me contou, sem identificá-la, naturalmente, pensando em um dia escrever sua história e a de outras mulheres da noite do Rio de Janeiro. Muito mais tarde, quando dispunha de uma boa coleção delas, já não tinha mais o mesmo interesse pelo projeto de escrever histórias de mulheres livres.

Depois de algumas semanas no Rio, tive vagar suficiente para fazer um diagnóstico do mal que afligia minha Olufeme. Mais uma vez não sabia o nome que os médicos dariam à enfermidade, porque afinal eu tratava dos sintomas, e cada remédio cuidava da doença como um todo. Para a febre dei a ela sassafrás, gengibre, folhas de tanchagem ou pacova. Para as dores no ventre, ungüento de folhas de figueira-do-inferno ou estramônio e chás, em quantidades moderadas, de um fungo alaranjado que cresce no tronco da bétula preta. Ainda para o ventre dei o quenopódio e, para o corpo todo, estimulante como o guaraná e a samambaia. Os sintomas sumiram na primeira semana de medicação, mas Olufeme continuou a emagrecer lentamente, apresentando na pele a descoloração suave que os fulas chamam de "lamelame".

Meu neto Ibraim, ou meu "tocdina" – entre os fulas, aquele que tem o mesmo nome que um outro da família, uma soma de xará e afim, cujo coração bate no mesmo compasso que o seu –, dava para sua avó a medicação nas horas certas e com o carinho necessário. Mas Olufeme continuava a fazer o trabalho de dona-de-casa, não porque se sentisse obrigada a isso, mas porque lhe dava grande prazer. Mais magra, sem qualquer euforia, mas predisposta à ternura, era a pessoa que melhor evocava a palavra cordialidade que eu conheci na vida, alguém que encorajava o outro – filhos, neto, noras, eu mesmo, seu companheiro – a viver e a ser feliz. Aquela Olufeme mais fina de corpo viveu sem dores e sem febre mais um ano, e após esse tempo voltou a ter os mesmos sintomas. Pedi a Horário que a encaminhasse na Santa Casa, onde ficaria aos cuidados da medicina tradicional.

Havia doenças que a natureza não curava porque, sendo essa natureza um processo de renovação constante, uma de suas faces era a eterna mutação chamada morte. Gostaria de entender essa verdade tão profundamente quanto possível, até o instante inevitável da minha própria morte. A palavra não deveria ser mencionada junto ao filho e ao neto, e nem mesmo Horácio a pronunciava, mas ela estava no ar naquele fim de ano em nossa casa. A ceia de Natal teria sido triste se Olufeme não tivesse voltado para casa por uns dias e deixado seu coração generoso iluminar nossa tristeza. A ausência de crendices, a marca da verdadeira fé, havia operado milagres na minha mulher. Durante a ceia do dia 25 de dezembro, ela se dirigiu a mim, diante de Fasaha, de sua companheira Lúcia, uma descendente de Angola, e de Ibraim, nosso neto:

"Sei o que está acontecendo e não quero que o medo – o meu ou o de vocês, meus queridos – interfira nesse meu Natal interior que de fim tem somente a aparência. Nenhum de vocês tem o direito de perturbar minha alegria e minha serenidade. Nem o desejo de fazer isso, porque sei que me amam de verdade..."

Fasaha parecia pregado à sua cadeira e segurava a mão de Lúcia debaixo da mesa. Ibraim sorria para a avó e lançava olhares rápidos para mim, pedindo o meu auxílio. Abracei e beijei minha Olufeme e servimos o peixe preparado sob sua orientação pelas empregadas. E falamos sobre os símbolos do Natal, como eu havia feito nos anos anteriores, acompanhado pelos outros, inclusive pelo nosso inesquecível Tiago, que fora enterrado em Assunção havia quatro anos. Desta vez era Olufeme quem se dirigia a sua família:

"O Natal lembra o desejado e sempre repetido renascimento do homem, aquela mudança que se opera na alma quando a Graça o ilumina", dizia ela, num dos raros momentos em que a ouvi falar contrita sobre assunto tão sério. Olufeme continuava, enquanto os demais pareciam petrificados nos seus lugares: "Seria bom estar preparado para o Natal o ano inteiro – vazio, disponível para a revelação no instante em que ela quiser se manifestar. O Espírito é como o vento – lembra-se da frase que você leu para mim há muitos anos? – que sopra onde bem entende e muito além da compreensão humana. O que cabe a cada um de nós, na mocidade e na velhice, na saúde e na doença, na coragem e no medo, é estar aberto à visita daquilo que é simbolizado no Menino Jesus do presépio..."

Fasaha baixou os olhos, talvez imaginando ser alguma coisa como o medo da morte que ditava aquelas palavras de sua mãe. Ela continuava, espantosamente lúcida e ao mesmo tempo envolta em humildade:

"Abertos à visita do mistério sem nome, que nós afugentamos quando lhe damos uma designação como dei agora...". Olufeme sorria de leve, enquanto olhava os pratos na mesa. Aí se manteve um minuto, contrita como se tivesse terminado uma oração, e continuou a servir a mesa alegremente. Depois disso, Olufeme se recuperou de repente, e para nossa alegria ficou curada. Pelo menos por algum tempo.

Creio que foi nessa ocasião que presenciei um acontecimento que me impressionou muito. Estava, numa tarde de domingo, almoçando sozinho no avarandado do restaurante do Hotel de France que dá para o Largo do Paço, lendo a carta-resposta que recebera de um norte-americano, James R. Rapier, a quem havia mandado um relato sobre a luta pela libertação dos escravos no Brasil, quando um homem se aproximou de minha mesa e pediu licença para se sentar. Antes que eu respondesse qualquer coisa, sentou-se e disse ter me reconhecido de Assunção, durante a guerra.

"O senhor é jornalista, não é?", perguntou. "Ia passando na calçada e o vi aqui dentro, tendo me decidido a falar-lhe. Preciso contar minha história a alguém que possa me ajudar, se ainda é tempo."

Pedi ao garçom mais um copo e servi o homem de vinho, deixando que falasse. Contou-me que havia participado da guerra do Paraguai e da ocupação brasileira de Assunção. A cidade fora abandonada pelos paraguaios e ele passou a abrigar em sua casa uma jovem guarani que chegara faminta, acompanhada de sua mãe. Sem que se falassem, ficou entendido que as mulheres cozinhariam e ficariam por ali e a moça dormiria em seu quarto à noite. Com medo dos ladrões que em tempo de guerra são como mosca em mercado de peixe, o tenente brasileiro trancava a casa ao anoitecer. Acabada a ocupação, ele deixou mantimentos e algum dinheiro com as duas e partiu para se reunir com a sua tropa num quartel do outro lado de Assunção. A moça quis ir com ele, mas o tenente se recusou a levá-la. Agora que era civil de novo, estava sendo perseguido por parentes das mulheres, que queriam matá-lo por ter escravizado mãe e filha. Se essa história pudesse sair em algum jornal, as pessoas acreditariam nele, a ponto de poder pedir proteção à polícia.

"Já viu esses parentes?", perguntei. "Não, mas já vi sua sombra", respondeu, sem pestanejar. Observei seu rosto, temendo que se tratasse de um louco, mas ele me parecia apenas um desesperado, e em seguida chamei o garçom para pedir mais vinho. Fiz-lhe mais algumas perguntas e disse que era apenas revisor num jornal novo, embora no passado já tivesse trabalhado no *Diário do Rio de Janeiro* e no *Parahyba*, de Petrópolis.

Pensava se seria melhor levá-lo primeiro ao delegado amigo de Horácio Mendes, que se fizera meu amigo também, a fim de ouvir seu conselho, antes de pedir uma notícia em jornal sobre o caso. A certa altura me levantei e fui ao gabinete sanitário. Enquanto lavava as mãos, ouvi vozes exaltadas no salão e voltei depressa para lá, e o som do trinco da porta que abri se confundiu com um estampido forte. Um homem de longos bigodes e de casaca preta acabava de dar um tiro no peito do tenente, que caíra no chão, virando minha mesa. O homem de preto tentou correr para a porta, mas quando me dei conta do que estava fazendo já estava em cima dele. Derrubei-o com um soco na nuca, o que fez com que perdesse algum sangue pelo nariz. Voltei-me para o tenente e coloquei sua cabeça sobre meu joelho, cercado pelos garçons e por fregueses do restaurante. "É esse, é o pai e o marido daquelas mulheres de Assunção..." As últimas sílabas já me pareceram difíceis de entender. A polícia prendeu o guarani, Pedro Tacques, mas nunca apurei se o mantiveram preso, e o tenente morreu naquela mesma noite. Os jornais do Rio falaram muito no crime e eu, bem, não sei por que razão, passei alguns dias muito triste, lembrando a toda hora de Tiago, o filho mais novo que vi morrer nos meus braços lá mesmo no Paraguai, havia alguns anos.

Já não me lembro como comecei a me corresponder com James Rapier, um lutador pelos direitos dos negros em Alabama, nos Estados Unidos, para quem a emancipação, que provocou uma sangrenta guerra civil no país, não havia chegado ainda, embora a lei americana já a assegurasse. Tínhamos uma grande identidade de pensamento. Rapier me contou que uma viagem que ele fez até Washington o convenceu de que os negros ainda eram escravos em seu país, e milhares de soldados na guerra, bem como Abraão Lincoln, haviam morrido em vão. "De Washington a Montgomery são mais de mil milhas", contava Rapier. "E nesse percurso não encontrei um único lugar onde pudesse me acomodar e me alimentar. Nem pagando, nem por caridade. Tudo por ser negro." Na capital americana ele falou com deputados e senadores, durante um mês, contando toda a verdade. E disse ele aos congressistas, conforme me repetiu – e eu quero citar no original: "Is there a man upon this floor who is so heartless, whose breast is so void of the better feelings, as to say that this brutal custom needs no regulation? I hold that it does and that Congress is the body to regulate it".

Recebi também resposta da carta enviada a Lewis H. Douglass, jornalista famoso nos Estados Unidos e filho do editor de um grande jornal abolicionista negro, em que comentava minhas palavras sobre o "spirit of slavery", que, segundo ele "remained very much alive in the South of my country". Quando pedi a Douglass jornais abolicionistas americanos, que eu confessava ter muita vontade de conhecer, fui brindado na volta do correio com um pacote contendo exemplares do *Harper's Weekly – a Journal of Civilization*, do *New Era* de Washington e do *Colored Tennesseean*, todos defensores do, que chamavam de "reconstrução", a luta para pôr em prática a libertação dos escravos. E nós aqui, que não conseguíamos uma lei justa, clara e limpa dando aos negros seus direitos e, se possível, indenizando-os por tanta violência e injustiça! Levei os jornais para a casa de Horácio, à noite, e ficamos até de madrugada lendo e comentando o que líamos, e projetando escrever coisas para os jornais fluminenses sobre o abolicionismo. Estávamos entusiasmados com a generosidade do espírito norte-americano, apaixonado pelos direitos dos cidadãos, embora também às voltas com aquela doença do espírito que faz alguns homens acreditarem (inclusive negros, por que não?) ser superiores a homens de outras estaturas, cor de pele, religião ou diferente língua. Nossas conversas entusiasmadas iam até de madrugada e terminavam sempre com uma decisão repentina de minha parte, de sair imediatamente, sem dizer uma só palavra mais, sob pena de ficar ali para sempre.

Mandei uma carta a Victor Hugo, a qual me consumiu algumas horas da noite escrevendo e burilando, além de consultando algumas vezes o dicionário. Lembrei as circunstâncias em que nos conhecemos no apartamento de Jules Goucourt em Paris, na rua de Saint-Georges, apresentado por meu amigo Pierre Pecquenard. E recordei também a morte do escritor Ducasse, conhecido como Lautreamont, a qual ele me havia comunicado com desolação. Perguntei como estava na volta do exílio, depois de tantos anos longe da França, e, finalmente, procurei me informar sobre o andamento do livro que Hugo nos disse, a mim e a Pierre, estar escrevendo, um trabalho "barroco sobre o povo inglês" em que o personagem central era um homem desfigurado fisicamente. Como os livros estrangeiros tardavam a chegar ao Rio, pedia que ordenasse à editora que me enviasse a obra tão logo ela estivesse pronta.

De fato, dois meses depois recebi de Paris um exemplar do novo livro de Hugo, *L'anné terrible* – não aquele de que ele me havia falado, o qual ainda estava escrevendo, mas um outro sobre os horrores que envolveram a Comuna de Paris e sobre o qual ele teve tempo de fantasiar com a sua ficção soberba, mandando publicá-lo pouco mais de um ano depois. Mostrei a obra com a dedicatória de Hugo aos amigos da Santa Casa e aos irmãos da rua da Esperança, e todos me fizeram perguntas sobre os detalhes do meu rápido encontro com o grande escritor e os homens ilustres que estavam naquela noite na casa dos irmãos Goncourt, na rue de Saint-George.

Ia para o Valongo às segundas-feiras, como sempre, fugindo do sol inclemente e fazendo algumas paradas para olhar um tanque de pedra, a torre de uma igreja ou o calçamento de pedra-moleque de uma ruela da cidade que tanto amo. Se a igreja de São Domingos estivesse aberta, eu sempre entrava para ficar um instante em silêncio, na segunda fileira de bancos vazios, perto do altar. Ali perto, o antigo mercado de compra e venda dos negros que vinham da África em grande quantidade e nessa época rareavam bastante, era um prédio feio e sujo que causava tristeza em virtude do uso que fora feito dele por tantos anos. Nos últimos tempos, ia e voltava pela rua da Alfândega, mesmo a horas tardias da noite, perdido nos meus pensamentos ou pensando nos temas das nossas conversas.

Uma noite em que caía uma chuva miúda e eu tentava me abrigar sob as marquises das casas e lojas, olhei de relance para um pequeno pátio habitualmente vazio e me espantei com o que vi. Uma mulher negra de alta estatura e de notável beleza estava ali envolta numa capa escura que brilhava com a água que escorria dela, e me fitava no fundo dos olhos. Parei imediatamente e me aproximei para vê-la melhor. Sentia um certo calafrio no pescoço enquanto tentava comparar aquela criatura a qualquer outra que conhecera antes, mas seu rosto não me evocava nada no fundo da memória. Quanto falou, gelei por instantes: ela possuía uma estrutura de metal sobre parte dos dentes e sua voz era inacreditavelmente gutural:

"Vim até aqui para conhecer vosmecê", ela foi dizendo, enquanto eu a observava de perto, sem entender o que via. Fez uma pausa e sorriu da minha aparente aflição.

"Agora que vi vosmecê e conheci esta cidade num relâmpago, já me vou embora." Para onde? "Para onde? Quem é você?" Ela sorria como se não me ouvisse e levantou a mão num aceno, quando percebi uma caixa prateada que trazia presa ao pulso delicado.

"Não vim do onde, vim do depois. Você que gosta de decifrar charadas, pense um pouco nisso, mas se não conseguir não se amofine, amor. Vou-me embora de qualquer jeito. Um dia vamos nos encontrar..."

Apontou um dedo para a frente e eu olhei naquela direção. Um canto de rua se iluminou num segundo, e quando me voltei ela havia sumido. Uma aparição, pensei, mas por quê? Saí do beco onde estava e me recompus, no caminho de volta. Ainda olhei duas ou três vezes para trás, mas a noite parecia mais serena e as ruas mais silenciosas que de costume. Na semana seguinte contei o ocorrido na reunião do Valongo, e Soíca me surpreendeu dizendo que também tinha recebido uma visita da grande mulher negra. Só que no seu caso ela havia aparecido no quintal ao lado da casa, naquela mesma madrugada, e não havia falado uma única palavra. Era aquela mulher negra bonita e alta, coberta com uma estranha capa preta. A Soíca parecia que ela estava procurando alguém que ainda não havia encontrado.

Em tudo mais fora igual à que eu vi, inclusive no aceno e na pequena caixa metálica no braço, seguidos de desaparição repentina. Os companheiros do grupo ficaram perplexos, olhando para mim e para Soíca à espera de uma explicação, ou ao menos do prosseguimento da conversa. Como não sabíamos de fato de que se tratava e não tínhamos teorias para explicar o caso, não falamos mais nisso, nem ninguém mais mencionou o assunto. Naquela noite fui para casa a pé, como fazia de hábito, desejando um reencontro, mas nada aconteceu. No entanto, perdi o sono até alta madrugada.

Conheci no campo de São Cristóvão, mais ou menos nessa ocasião, um cego que pedia esmolas por ali, sempre sentado num caixote, e que ao fim do dia era levado de volta para casa pela filha que retornava do trabalho no centro. Num dia em que os batalhões de guarda da Quinta da Boavista faziam ali exercícios, não podendo o ceguinho permanecer no campo durante o dia, a filha deixou-o na porta de um pequeno restaurante português onde eu sempre almoçava quando ia às reuniões da rua da Esperança. Ao passar por ele na porta, convidei-o a jantar comigo, o que aceitou após relutar um pouco. Seguia pelo salão ao meu lado, desviando-se das mesas e cadeiras com um ligeiro toque antecipado da bengala, que ele manejava rápida e suavemente.

Chamava-se Eusébio e era cego de nascença, tendo se casado com uma cega também, já falecida, que lhe dera uma filha, Adelaide. A moça fora casada com um português que havia morrido assassinado no cais do porto, onde fazia tarefas, e agora a pobre trabalhava num ateliê de costura na rua Uruguaiana, para sustentar-se, assim como o pai cego. Ele, por sua vez, pedia que fosse deixado todos os dias no campo de São Cristóvão, perto de casa, onde sempre ganhava alguma esmola para ajudar nas despesas. Eusébio disse que já me conhecia pelo som dos meus passos e, depois de conversar um pouco, pediu minha permissão para tocar meu rosto, pois era esse o modo de conhecer as pessoas com quem falava. Pecorreu-o com as pontas dos dedos, e logo se pôs muito sério.

"Posso dizer o que estou vendo do fundo das minhas trevas?", perguntou em voz baixa. Pedi que falasse o que bem entendesse.

"Vosmecê pertence a uma nação honrada mas pouco numerosa, uma nação cujos membros não se conhecem uns aos outros e que está espalhada pelo mundo, mas é uma nação que brilha sob o sol de Deus. Seu trabalho é de apóstolo, embora não saiba disso. O que já semeou por onde andou ainda não é metade do que vai semear por onde vai andar..."

Agradeci suas boas palavras e lhe disse que aqueles eram votos de uma alma boa, mais do que uma visão condizente com as minhas limitações. Além disso, me parecia que o futuro era criado à medida que o presente se esgotava, mas nem um minuto antes. O cego sorriu, enquanto eu o servia de vinho.

"O presente não se esgota, meu filho, ele é para sempre. E seu amanhã será feito desta sua realidade, não de outra. Muitos de nós são apóstolos, como eu mesmo e minha filha. O seu trabalho apostólico está longe de ter acabado, meu filho." Ficamos algumas horas conversando no restaurante, e no final da tarde conheci Adelaide, quando ela foi buscá-lo.

5

Vida no Rio de Janeiro

1877

Nada me impressionou tanto naquele final de ano quanto o enterro do escritor, político e jornalista José Martiniano de Alencar. As casacas e os vestidos de cauda combinavam mal com o calor úmido reinante no cemitério. Dele havia lido *O Guarani* já em livro, porque na época em que o romance apareceu num jornal do Rio como folhetim eu não costumava ler jornais. Alencar havia feito uma tenaz carreira política, tendo sido eleito deputado pelo Ceará nada menos que quatro vezes. Lembro-me de ter visto uma peça sua no teatro Lírico, *Demônio familiar*, mas ela me deixou apático, com a mesma impressão de artificialismo que me davam a leitura dos seus livros.

Já Machado de Assis, que como representante do *Diário Oficial* compareceu ao enterro de Alencar e pronunciou uma singela e sentida oração fúnebre, embora tivesse também descrito o mundo dissimulado e superficial da sociedade do Rio de Janeiro daqueles dias, parece que conseguia olhar de fora esse universo para poder observá-lo melhor. Para mim, Alencar nunca escreveu nada tão espontâneo quanto *A mão e a luva*, de Machado, que fora publicado havia pouco. Li sempre Machado na revista *Ilustração Brasileira*, que Horácio me emprestava regularmente, e me recordo do próprio escritor descendo das seges que o traziam no fim da tarde do Ministério da Agricultura, em alguma calçada das Laranjeiras. Fomos vizinhos de bairro, mas sendo ele muito reservado e eu não menos, nunca tínhamos ido além de um cumprimento distante. O fato de ele ser um mulato brilhante me fascinava, e é possível que um fula engravatado como eu talvez lhe despertasse a curiosidade, mas vitimados por nosso temperamento nunca nos aproximamos muito. Mais tarde, no entanto, depois da minha última viagem ao exterior, compareci a um almoço no Hotel de Londres em homenagem ao escritor, e cheguei a trocar com ele algumas palavras. "Soube que se corresponde com Victor Hugo", ele me falou, querendo ser amável.

Expliquei que houve apenas uma troca de cartas, que a generosidade do grande escritor francês me permitiu. Esse rápido encontro, porém, aconteceu muito tempo depois do enterro de Alencar. Nessa época eu não tinha ainda a admiração que depois tive pelo mulato admirável, mas incuravelmente tímido, que era meu vizinho nas Laranjeiras, porque seus melhores livros viriam mais tarde e foram eles que finalmente me convenceram do seu brilho.

A saúde de Olufeme havia melhorado pela vontade de Deus e com a medicação convencional que ela adotara, além daquela que eu prescrevi e que eu mesmo escolhia, dosava e ministrava diariamente. Ela havia ficado finalmente boa. Passado algum tempo, Fasaha continuava morando conosco, depois de ter vivido com várias mulheres e por fim resolvido voltar a ser solteiro. Na época ele não tinha emprego. Dormia até tarde no seu quarto separado da casa por um caramanchão, e saía ao pôr-do-sol quando muita gente se recolhia, sem que ninguém lhe pedisse conta da vida. Quanto a mim, havia desistido de conversar com ele sobre a vida e o mundo, ou sobre a nossa vida comum, porque o seu cinismo me aborrecia. Com seu filho Ibraim, meu neto e grande amigo, ele quase não trocava palavra, mas eu cuidava para que ao rapaz não faltasse atenção, além de conforto em casa. Ibraim estava lendo livros que eu lhe recomendara (minha edição francesa da *Conferência dos pássaros*, o *Mantic uttair* da minha mocidade, não lhe saía da cabeceira), e tarde da noite gostávamos de falar sobre livros e sobre tudo mais, porque ele dormia tarde, tal como eu. Ibraim já havia lido Pinheiro Chagas, Júlio Diniz, Bocage, Octave Feuillet e Buffon, mas se descontentara com esses autores e me perguntava sempre o que os fizeram tão famosos e grandes escritores. No caso de Flaubert (que eu sempre lembrava de ter visto na sua janela em Ruão), sabia o que responder, mas não no caso dos demais.

Ibraim tinha uma inclinação por pintura e eu lhe comprei pincéis, tintas, telas e palhetas. Segundo me dizia, os pintores nacionais haviam adotado os temas brasileiros, depois da guerra do Paraguai, graças à Academia de Belas-Artes e ao mecenato do imperador. Havia uma galeria na rua do Ouvidor que Ibraim freqüentava e onde havia um curso de pintura com modelos vivos, coisa nova no Brasil. Por sugestão dele, comecei a pagar suas aulas ali depois que ele me falou num quadro de Vitor Meireles que o fascinara, representando Ana Ferreira Neri nos campos do Paraguai. Um dos professores do curso era Angelo Agostini, um mestre notável de pintura, segundo meu neto.

Depois que fomos juntos ao teatro São Pedro assistir a uma *Paixão de Cristo* na Semana Santa, conservamos o hábito, pelo prazer que nos dava a companhia um do outro. Íamos ao Ginásio Dramático, à Fênix Dramática, ao Teatro do Comércio e ao Théatre de Varietés assistir a companhias estrangeiras (ópera italiana e alemã, mímica e acrobacia chinesa) ou brasileiras. Uma vez fomos ao Alcazar, onde Ibraim se interessou tanto pelas artistas de mademoiselle Aimée, que me consultou sobre se deveria mandar flores para uma cantora que o encantara especialmente. Disse-lhe que sim, se a moça o tivesse agradado de fato.

Lembro-me da mudança da redação do *Diário do Rio de Janeiro* para a rua do Ouvidor – os móveis chegando, as impressoras e seus rolos imensos subindo com a ajuda de roldanas, na operação que durou dois dias – e da presença permanente de curiosos, para os quais o interior de um jornal era um mistério insondável. Meu trabalho como revisor em *A República* me parecia um tanto monótono, mas fizera bons amigo por lá, além do Palhano, que me havia aproximado do americano Lewis Douglass, com quem agora também me correspondia. Ficava na sala da revisão, nos fundos do velho prédio da rua do Ouvidor, até o começo da madrugada e, ao entregar as últimas provas ao secretário, passava na mesa do redator-chefe para avisar que estava de saída. Como dormia até um pouco mais tarde, agora passava menos na Santa Casa para as longas conversas de antigamente com Horácio Mendes.

E a Santa Casa da Misericórdia estava enfrentando dificuldades com falta de recursos materiais. O índice de mortalidade dos pacientes ali atendidos nunca fora tão alto, e as causas disso não eram conhecidas. Os números informavam que morriam em maior quantidade pessoas de recursos do que pobres ou escravos, e mais brasileiros do que estrangeiros, proporcionalmente. A tuberculose pulmonar, a diarréia e a sífilis eram as principais doenças que afligiam as mulheres. Os charuteiros eram as vítimas mais freqüentes da tuberculose, e os gêneros alimentícios deteriorados eram o motivo das infecções fatais. Sempre se comera carne em excesso no Rio de Janeiro, de boi, de porco, de carneiro, e no entanto milhares de reses morriam nos matadouros de Irajá e da Pavuna, por doenças típicas do gado, e essa carne era misturada à da criação abatida e vendida nos mercados da cidade. A continuar o horror da mortandade animal para consumo da população, era preciso tornar livre o corte do gado no município da Corte. Assim como à mesa, no campo das idéias era servido o secundário em vez do essencial, e os assuntos que ocupavam o espírito da maioria das pessoas eram banais. Quando nada, era a aproximação que se fazia dos temas o que os tornava insuportavelmente fúteis, sem qualquer relação com a realidade humana da maior cidade do País.

Encontrei Horácio lendo *A retirada da Laguna*, do tenente Alfredo d'Escragnolle Taunay, um drama sobre a guerra do Paraguai. As enfermarias da Santa Casa estavam repletas de pacientes e, como já disse, desprovidas de recursos, mas Horácio separava curtos e repetidos espaços durante seu dia de trabalho para ler ou permanecer em silêncio fazendo o que chamávamos de meditação, e não se abalava muito com aquilo. A vida de todo dia, a impressão de que aquela era a única vida possível, assim como a linguagem usada no quotidiano, nada nos afastava da observação minuciosa de nós mesmos, sempre que essa observação nos era permitida porque não nos deixávamos perturbar pelas distrações comuns de cada momento. Era extraordinário aquele poder de retomar o fio da meada espiritual que nos ligava à nossa realidade miúda, chamada assim não por ser de pouca importância, mas por ter estreita ligação com os detalhes do momento vivido.

Quando "voava para longe", Horácio me puxava pela manga para o tempo e o espaço em que eu de fato me achava. E imediatamente emergia em mim o entendimento dos motivos que me haviam desviado da realidade simples – e ao mesmo tempo portentosa – em que todos vivemos. E era esse portento contido na vida mais comum do mais comum dos homens que nos espantava e nos fazia um pouco menos fúteis. Vimos uma vez numa revista a reprodução de uma gravura chinesa em que uns viajantes quase sumiam engolfados na paisagem natural imensa. Em meio a bosques, montanhas e cachoeiras abissais, o homem ali estava como testemunha do mundo, como centro da realidade, o mais das vezes totalmente alheio ao que via, escutava ou cheirava. Horácio tinha mandado emoldurar essa página com a gravura que havíamos apreciado tanto e pendurou-a em seu consultório.

Ao encontrar Horácio inteiramente absorto no livro do tenente Taunay, fiz menção de sair e voltar mais tarde, mas ele insistiu para que eu ficasse. Havia recebido havia dois dias uma carta de um médico com quem se correspondia nos Estados Unidos, residente em Nova Jersey, o dr. Ropper, em que ele lhe falava dos novos asilos para loucos que se multiplicavam pelo país, nos quais os pacientes eram ensinados a trabalhar em diferentes tarefas, o que parecia aliviar seus sintomas. Em Nova York, o dr. Ropper havia clinicado por muitos anos no Bloomingdale Insane Asylum, na Broadway, e tinha teorias interessantes sobre o tratamento da insanidade mental. Conversamos, eu e Horácio, sobre as grandes mudanças surgidas nos Estados Unidos depois da Guerra Civil e sobre como os antigos escravos e seus descendentes estavam encontrando um lugar ao sol nas suas profissões, muitos deles podendo estudar. Mas era o progresso da ciência que mais fascinava Horácio Mendes. A máquina falante de Thomas Edison era alguma coisa extraordinária, segundo me explicava. Fazia apenas uns meses, o dr. Ropper havia narrado, numa de suas cartas, que na localidade de sua casa, chamada Menlo Park, o sr. Alva Edison, um homem dos seus 30 anos, havia conseguido fixar num cilindro as modulações da voz humana, de modo que o próprio missivista ouvira a frase em inglês "Mary had a little lamb / Its fleece was white as snow". O aparelho estava sendo chamado de *phonograph*, e seu construtor fora um dos hábeis mecânicos do professor Alva Edison, o engenheiro John Kruesi.

Horácio acreditava que essa e outras invenções engenhosas, como o recente triciclo motorizado do engenheiro alemão Karl Benz, mudariam a vida do homem na Terra e, quem sabe, o salvariam das guerras e do desespero individual que o conduzia à destruição. E aí começavam as divergências entre nós que, embora nunca se transformassem em desentendimento, às vezes nos distanciavam daquela harmonia que dá a duas ou mais pessoas uma "visão à frente". Ali estava o gérmen da guerra, nem mais nem menos, e se ele não fosse identificado e conhecido no momento em que emergia, nunca mais seria visível, embora seu efeito pudesse ser devastador.

Numa das reuniões da rua da Esperança, Soíca trouxe à nossa conversa semanal as duas questões para as quais eu estava mais voltado porque elas me pareciam as que ocupavam posição mais central no espírito das pessoas com que eu convivia, consideradas aquelas que encontravam tempo para isso e tinham prazer nessas conversas. Eram o problema da libertação dos escravos no Brasil e no mundo e o dos avanços da ciência e da habilidade científica em determinados grandes centros mundiais, como a Inglaterra, a França e os Estados Unidos. Soíca via essas questões como eu e sabia resumir o que queria dizer, além de saber ouvir o que os demais diziam.

"Na América os escravos foram libertados depois de uma guerra civil que matou milhares de homens jovens e talentosos de todas as raças", falou Soíca numa daquelas noites. "Mas agora os negros da América estão descobrindo que não são livres de todo, não apenas porque a resistência a eles da parte dos brancos é tão forte quanto antes, como porque a escravidão de certo modo continua dentro do homem que se livrou dos grilhões..."

"Então é manter os grilhões...", disse Babu, que era rebelde e provocador como seu pai, Cala.

"Um homem que foi escravo a vida inteira", prosseguia Soíca com cautela, "descobre que, uma vez liberto, é ainda escravo, mas agora de um modo particular, mais sutil e portanto ainda mais difícil de resolver. Nessa encruzilhada, que ele pode perceber ou não, tem só dois caminhos: ou age como pensa que deve agir um homem livre, ou se dedica a descobrir que a liberdade não é o que ele pensava."

Olhei Soíca com admiração. Aquele homem de aparência tão simples falava pela voz de um sábio. Horas depois que nossa conversa começou, ele abordou a outra questão, e a propósito dela achei conveniente dizer que o progresso era um conceito criado a partir da crença de que, no Universo, as coisas caminhavam sempre do pior para o melhor, havendo muita gente que queria fazer disso uma das provas da existência de Deus, como se provas fossem necessárias.

"Deus é de fato cada vez melhor", argumentavam Afiba e Sule. "E Deus faz o mundo ficar à sua semelhança." Ao que eu e Soíca respondíamos, cada qual à sua maneira: "Deus é perfeito, portanto não progride. O progresso é uma característica da imperfeição e além disso é consolo para o homem pensar que a cada dia ele está melhor e mais perto de Deus. O progresso pode ser pensado como uma invenção consoladora da mente humana".

Quase cinco anos depois da primeira crise, Olufeme voltou a sentir dores e a ter febre todos os dias. Horácio nos indicou um médico ainda jovem da Santa Casa, que por sua competência já havia sido chamado a São Cristóvão para tratar de pessoas da família imperial, o dr. Barreto. Para meu espanto ele recomendou sangrias e um remédio francês para tratar tumores. Ele tinha um vidro dessa medicação, sendo necessário encomendar outros na Europa, o que significava esperar cerca de dois meses. Ao fim de algum tempo ela sofreu hemorragias em dias sucessivos. Dr. Barreto se revelara um dultá, o guerreiro que erra o alvo quando dispara uma flecha, entre os fulas. Tentei xabuli maca, uma espécie de ameixa da Jamaica usada pelos fulani em casos de tumores. Notei em Olufeme certa descoloração da pele que eu sempre soube ser típica das doenças fatais que se escondem no âmago do corpo. Era o "lamelame", uma palavra que fazia medo quando ouvida nas cidades próximas das margens do Níger. Não dormi um único minuto na noite daquele dia em que vi as manchas no seu corpo. Olufeme havia tido a mesma coisa havia cinco anos e se recuperara. Antes de adormecer ela me perguntou se a casca de golombi fervida poderia abrandar as dores que estava sentindo ultimamente na barriga. "Você tem tido dores?", perguntei, acrescentando: "Não tem falado em dores, até hoje...". Olufeme sorriu do jeito que eu sempre amei: "E adianta falar, meu filho?".

Não saí de casa nos dias que se seguiram, para ficar ao lado dela mais tempo, pois sentia que a perderia muito em breve. Para os espasmos, ela própria me pediu que preparasse um gulumbur, feito de folha de baobá macerada com figueira-da-índia, frutas passadas e inhame selvagem. Olufeme mastigava a massa, para muitos gostos intragável, e me sorria.

"Não tenha medo por mim", disse uma tarde. Por que teria medo por ela? "Você sabe, você sabe...", retrucava, os olhos baixos. Um dia me pediu que lesse um dos romances em inglês que eu mantinha na pequena estante da cabeceira. Tomei uma tradução do *Tom Jones* e comecei o primeiro capítulo. Minutos depois ela me interrompeu:

"Prefiro aquele outro de que estava falando com Ibraim há poucos dias, aquele de capa branca ali", disse, apontando. Era a *Eneida*, de Virgílio, numa tradução portuguesa. *Salve, magna parens frugum, Saturnia tellus*, comecei com a citação latina e segui pelos primeiros versos. Olufeme fechou os olhos, mas estava atenta. A certa altura me interrompeu:

"Os romanos tinham escravos?", ela me interrompeu. Todos eles, todos sem exceção tiveram escravos e aceitaram a escravidão como coisa natural, respondi. Até mesmo os que tinham sido escravos no passado e os que ainda eram, como o fabulista Fedro, consideravam seus escravos objeto de uso.

"Não por maldade", murmurou Olufeme. "Mas porque é assim a natureza da mente humana, a nossa também." Olhei para ela com ternura. Aquela mulher que eu sempre amei estava ali inteira de espírito, embora seu corpo estivesse em declínio. Lembrei dela tomando banho no riacho do quilombo onde a conheci, havia quase 40 anos, e falei daquela lembrança.

"Você é o mesmo guerreiro daquele tempo", disse Olufeme, querendo desviar de si o assunto. "É o guerreiro que faz a guerra certa." Sorrimos um para o outro e ela me disse que queria dormir. Fiquei ali ao lado dela, ouvindo sua respiração suave e pensando na nossa *jihad* pela vida afora, sem espada e sem ódio, somente com a energia de quem quer entender e com o amor de quem está sempre pronto para descobrir.

Três dias depois, Olufeme morreu enquanto dormia. No seu enterro, no cemitério do Caju, fiquei ao lado de Ibraim e de Fasaha, que chorou mais que os demais e que a partir de então sofreu grandes mudanças. Fiquei em casa alguns dias e quando saí pela primeira vez foi para ir à biblioteca do Convento do Carmo a fim de consultar obras de Avicena, Averróis e Ibn Arabi, difíceis de achar em outras bibliotecas e ali existentes porque haviam influenciado os neoplatônicos de Alexandria. Sabia que eles me responderiam as perguntas que me fazia havia alguns anos e confirmariam as respostas que brotavam dentro de mim e que eu recusava a ouvir. Ibn Sina, conhecido pelos portugueses como Avicena, faz da figura do místico, "aquele que conhece", o *arif,* o personagem central do mundo. Encontro nele que o verdadeiro caminho passa por "momentos" nos quais a luz de Deus desce sobre um homem, cada momento precedido ou seguido de êxtase. Finalmente, o homem se sente face a face com Deus: é a chegada, ou o *uçul.* Avicena revela a importância da parábola para transmitir o que as palavras são incapazes de passar àqueles que não experimentaram – o quê? –, simplesmente não experimentaram. Esse homem é o *sufi*, aquele que cobre o corpo com o traje mais simples, uma vez que *suf* significa a lã comum. Ele não conhece dogmas e não limita sua experiência a idéias formadas com antecedência.

Para Averróis, a humanidade conhecida passa por três estágios, a saber: o da literatura e das lendas religiosas, quando o homem projeta a si mesmo num mundo que imagina. O da ciência e aquele outro do qual a vida humana se aproxima agora, que é o da união da ciência com a percepção religiosa de fusão com a natureza. Ibn Arabi foi o grande sistematizador do pensamento islâmico e se tornou conhecido pelos estudos que fez dos místicos muçulmanos espanhóis, ele que foi educado em Sevilha. Sua obra *Revelações em Meca*, escrita antes de sua mudança para o Cairo, é uma combinação do sufismo, da mitologia islâmica e do neoplatonismo. Vejo em Arabi que existe uma única Realidade no todo – a unidade de todas as coisas, que somente alguns olhos podem ver e que os modifica para sempre. Mas o verbo modificar é bastante para explicar o que acontece? O "real", ou *haqq*, é apenas um dos nomes de Deus. Ajudando Deus a se revelar, e o conhecendo, o místico o está de fato criando. Ibn Arabi nos mostra que Deus está em tudo, mas nem tudo é Deus. E a Divina Essência é o ponto mais alto da revelação. Em Arabi, ainda, o Profeta é o mesmo que o Logos no cristianismo, isto é, o instrumento da manifestação de Deus no mundo. E é pela existência do Homem Perfeito, "aquele que percebe", que o universo é preservado e enfim se justifica.

Quando estive nas margens do rio Paraná, nos combates da Aliança com o Paraguai, vi e ouvi falar que feridos que haviam perdido pernas e braços sentiam dores fortes exatamente nesses órgãos que lhes faltavam. Era como se o corpo tivesse um modelo, uma *entelechia*, um projeto de inteireza que dava ao ferido a sensação de presença de um membro perdido. Assim era a alma do homem, quando lhe faltava aquela sua parte que o põe em contato com Deus. Todo processo de cura do corpo era uma figuração da cura espiritual. Alguns homens podiam formar uma imagem aproximada de um ideal de homem saudável, assim como uma imagem do santo, de que aquele era metáfora. Onde o eu está vivo, não há Deus, era a lição de Averróis, de Arabi e de Avicena, bastava ter olhos penetrantes e coração vazio. Mas isso era fácil, ou era a tarefa de uma vida inteira? *In sha Alah!* Melhor não responder nem ficar na esfera das palavras. A conversão chega ao homem, mas não vem do homem. Passei a tarde lendo aqueles livros antigos e só me dei conta do tempo quando o velho padre me pediu que saísse, pois fechariam a galeria dos livros. Havia um resto de sol na calçada do Paço, tingindo de amarelo as fachadas do lado esquerdo da rua Direita. Uma palavra dançava na minha memória – *ajdub, majdub* –, o homem que permanece vazio e passivo na mais alta esfera do espírito. Não sei por quanto tempo andei, antes de tomar o rumo de casa.

Na Livraria Garnier da rua do Ouvidor, saboreei um dia uma conversa longa que atravessou a tarde e esvaziou algumas xícaras de chá, com jornalistas do *Diário do Rio de Janeiro*, da *Gazeta* e do *Correio Mercantil*, sobre a inapetência do público em geral pela boa literatura e o estilo elegante em livros e jornais da cidade. Dizia Vítor Paiva, que também trabalha na revisão da editora Laemmert, estar convencido de que a melhor e a pior linguagem são a mesma coisa para o leitor mediano, e que um assunto mais acessível ou picante pode ajudar mais na aceitação de um escritor ou de um articulista do que seu talento. Isso decide a fama, o prestígio pessoal e certamente os ganhos profissionais do redator. Dizia também haver uma legião de leitores de Camilo, Gonçalves Dias e Almeida Garrett que os lêem para ter o que dizer nas reuniões sociais – sem que os entenda em absoluto. Chico de Almeida, da livraria F. L. Pinto, disse que "o maior poeta lírico da língua", Gonsalves Dias, disse-lhe uma vez que nunca havia encontrado um leitor que tivesse demonstrado ter lido todo ou entendido alguma coisa do seu poema *Os Timbiras*. E se lembrava ainda de ter escutado de Joaquim Manoel de Macedo que ele nunca ouvira nem um comentário sequer, além daqueles dos críticos com coluna assinada na impressa, que eram generosos, sobre seus versos.

"O leitor comum quase nunca leva ao fim suas leituras e quando as leva não entende o que lê", concluía Chico de Almeida. "Ainda quando lê e aprecia, não julga necessário se manifestar a respeito. Se no entanto descobre um erro no autor, por menor que seja, mostra imensa energia mandando longas cartas críticas às redações dos jornais, pela satisfação de descobrir uma falha e na esperança de ver seu nome em letra de fôrma."

Alguns dos presentes aprovavam com a cabeça, e todos riam dos casos contados. Na saída, vendo o fumo negro na minha lapela, Vítor Paiva me perguntou por quem estava de luto. Apertou minha mão e me deu seus pêsames, entre os passantes da Ouvidor, antes de seguir rua acima com sua elegante bengala.

Na volta da missa que mandei rezar na igreja do Carmo pela alma de Olufeme, eu e meu neto Ibraim andamos algumas léguas, distraídos com a conversa que nos entretinha. Era o verão no Rio, mas o calor não nos incomodava. Quando nos demos conta, tínhamos caminhado até o Outeiro da Glória, e já estávamos próximos da rua Vitória, onde havia uns cortiços. Tendo me lembrado de que ali perto ficava a Casa de Saúde São Sebastião, famosa por suas enfermarias para escravos a mil e seiscentos réis por paciente, quis ver-lhe a aspecto e deixamos o Catete, subindo na direção do morro. Entramos pelos jardins do hospital, mas logo imaginei que seria difícil explicar na entrada o interesse de um negro de meia-idade, que nem tinha profissão, por hospitais e casas de saúde. Pensando nisso em voz alta, era inevitável que Ibraim fizesse uma pergunta:

"Por que não se formou em alguma coisa, vovô, você que sabe tanta coisa sobre tudo?"

Expliquei-lhe que essa soma de fatores – ser negro, estrangeiro e livre – sempre despertou muitas suspeitas e não poucas resistências. As pessoas precisavam conviver comigo para aos poucos gostarem de mim, ou então não me suportarem de vez. As marcas tribais no meu rosto não facilitaram as coisas, e minha dificuldade para sorrir ou minha falta de empenho em agradar pioravam tudo. Depois, quando não se sabe nada do amor – não o de um homem por uma mulher, como nos romances, mas o amor incondicional de um ser humano pelo outro, feito de compaixão, essas coisas tornavam-se mais difíceis. Ibraim me observava de lado, o cenho franzido.

Mas o principal, prossegui, é que nunca me convencera de que precisava de um título antes do nome ou de um anel no dedo para ser feliz. E não dizia aquilo para todo mundo, uma vez que essa era a fala comum também dos descontentes com a própria situação e dos ressentidos com a vida – o que não acreditava ser o meu caso. Quanto a saber tanta coisa de tudo, essa era uma ilusão comum alimentada pelos netos em relação aos avós.

"Quando ficar muito velho ninguém vai dar importância a você", disse Ibraim, preocupado. "E quando morrer, vai ser esquecido depressa."

"Espero que sim", falei sorrindo. Observei a compleição forte daquele menino de 17 anos ou por volta disso, ao meu lado, achando graça na sua curiosidade sobre a vida e me alegrando com a sua pureza. O que esperava de fato é que ele nunca viesse a sofrer – ele que pretendia formar-se e tinha muita disposição para ganhar a vida – com o desprezo dos outros, que pode ser profundamente injusto. Disse-lhe que ser esquecido após a morte era uma coisa boa e natural quando não se passava a vida querendo se fazer lembrado para sempre, o que era uma atitude pueril. Quanto ao fato de as pessoas darem importância a nós, francamente, isso dependia muito da importância que nós dávamos a essas pessoas. Ibraim sorriu e se esqueceu do assunto. A essa altura procurei me situar e vi pouco adiante o morro da Graça. Estávamos quase chegando em casa.

Mas Ibraim não me deixou quando entramos em casa. Foi até meu escritório, onde tirei a casaca e os sapatos antes de me alongar na poltrona predileta. Ainda havia muito da presença de Olufeme por toda a casa. Meu neto queria me falar sobre o livro que lhe dera, o *Mantic uttair*, aquele estranho relato sobre um encontro de pássaros que mais pareciam homens do que aves, nos seus gostos, seus temores e desejos. "São homens, somos nós", interrompi meu neto. Depois de uma pausa para que se desvanecesse seu espanto, continuei: "Seu autor foi Farid ud-Din Attar, e esse seu poema filosófico-religioso escrito no século XII foi considerado um texto sagrado no Futa Jalom e em toda a região do rio Níger, onde vivi minha infância e primeira juventude. Em Tombuctu éramos obrigados a decorar todo o poema e ensinados a fazer sua interpretação, o que se chama entre os cristãos de exegese..."

"Você sabe de cor todo o *Mantic?*", perguntou.

"De alguma coisa me esqueci. Às vezes tento descobrir o que esqueci, e percebo que aquele trecho esquecido dizia respeito a alguma coisa que eu estava querendo esconder de mim mesmo...", continuei, enquanto sorríamos em mútua compreensão.

"'Não há ninguém senão Ele...'. É desse modo misterioso que o poema começa, e aí já estamos aprendendo alguma coisa. A seguir avança um pouco o que deseja que saibamos: 'Infelizmente, porém, ninguém pode vê-Lo. Os olhos humanos são cegos, ainda que o mundo seja iluminado por um sol brilhante. Se me fosse possível vê-Lo com os olhos do corpo, perderia o juízo, e se o visse completamente me perderia de todo'." Ficamos um momento em silêncio, eu observando da penumbra os olhos de Ibraim, que vagavam sem rumo pelo aposento.

"Os homens que de verdade conhecem a própria ignorância falam interiormente." Continuei citando de memória: "'Ó Você que não se deixa ver, embora nos permita vê-Lo, tudo no mundo é Você, e ninguém senão Você existe. A alma se esconde no corpo e Você se esconde na alma. Ó Você que se esconde naquilo que se esconde, Você é mais que tudo. Nem a mente nem a razão têm acesso à Sua essência, e ninguém sabe o que Você é. Sua eternidade e perfeição estão sempre confundindo o sábio. Que mais posso dizer, se é impossível descrevê-Lo?'".

Ibraim agora me olhava de frente, com o semblante sereno.

"Esse é somente o começo, a invocação inicial", falei. "Não estou sugerindo que decore o livro, como fiz, mas vale a pena lê-lo por inteiro, parando para entender cada capítulo, a fala de cada um dos pássaros."

Ficamos quietos por alguns minutos, sem pressa, sem olhares, sem inquietações. A vida não precisava seguir, estava toda ali, nós dois ainda vivos, e o mundo lá fora, cuidando de si próprio. Sabia que meu neto estava exatamente no ponto em que eu estava. E imaginei que Olufeme estava tão serena quanto nós, e também tão feliz quanto nós, como se estivéssemos os três descansando no meu escritório, sem história pela frente e sem memórias no passado.

Fui buscar Horácio Mendes em casa para irmos ao teatro, mas no caminho descobrimos que o teatro não nos atraía naquela noite. Queríamos de fato falar sobre alguns assuntos que nos fascinavam, e comecei me referindo às minhas leituras de Averróis, Avicena e Ibn Arabi, na biblioteca do convento do Carmo, havia uns poucos dias, e o que resultou delas. Era disso, mas de um outro modo, que Horácio queria me falar. A certa altura da conversa, passeando pela rua Direita – suja, mal iluminada, agora com um novo nome dado pelo imperador, mas ainda a antiga rua das nossas andanças e longas conversas –, chegamos a falar na parábola islâmica do leite no deserto. Estando Maomé faminto no deserto, Deus permitiu que ele encontrasse uma ovelha tenra, que para surpresa do Profeta tinha úberes cheios de leite, com que ele saciou sua fome. O essencial na parábola é que Deus encontrou meios próximos do natural para fazer aquele milagre. O leite poderia ter vindo pelo ar, se Ele quisesse, mas veio nos úberes de um animal. Assim o xeque não é uma presença artificial entre Deus e o homem, mas é uma via natural para o sobrenatural da Graça. Assim dizia o Profeta: "O mestre para seus discípulos é como o Profeta para a congregação". Horácio e eu prometemos voltar mais vezes a Averróis, a Ibn Arabi e a Avicena, e meu amigo me disse que iria comigo, na semana seguinte, à reunião da rua Esperança, no Valongo.

6

Missão em Pati-do-Alferes

1878

Voltei duas vezes ao restaurante de São Cristóvão para encontrar meu amigo cego, mas não o vi nas proximidades. Da segunda vez, após o almoço, pedi informações sobre a residência de Eusébio e da filha, e fui até lá temendo o pior. Meu amigo havia fraturado uma perna ao cair num bueiro, e quando Adelaide chegou de tarde não o encontrou no local de costume. Fora levado por uma daquelas "ambulâncias" negras, puxadas por quatro cavalos, que eu via sempre no pátio da Santa Casa ou correndo pela cidade, com seu sino pedindo passagem. Disse-lhes logo que se estivessem precisando de alguma coisa não vacilassem em me falar. Adelaide ficou muito agradecida e preparou um café forte para nós três, que serviu com umas gotas de limão. Quando soube que eu tinha enviuvado, apertou minha mão, comovida. Somente quando saí de lá e senti necessidade de caminhar um pouco é que percebi que aquela moça mexia com o meu coração fazia mais tempo do que eu supunha. Deixei que anoitecesse enquanto andava, tomando caminhos diferentes, como subir uma ladeira para Santa Teresa e descê-la mais adiante nos fundos de um colégio de freiras, quando tive de pular um muro para não fazer o caminho de volta até o alto.

Com um aceno da bengala, chamei uma sege na Glória, mas o cocheiro não me atendeu. Havia lido na *Gazeta* que vinha diminuindo muito o número desses veículos de aluguel no Rio, sem que se soubesse a causa desse sumiço. Mais perto do Catete, avistei outra sege com as duas lanternas acesas e acenei na sua direção, quase me pondo no seu caminho. O veículo se desviou e parou logo adiante. Dele saltou um cocheiro de tez muito branca e imensos bigodes, que me disse alguns desaforos e fez referências ao fato de eu ser negro e a seus olhos parecer bem trajado demais para um negro, o que lhe parecia estranho. Brandiu o chicote que trazia na mão e voltou-se para galgar de novo sua sege, mas parou fulminado por uma palavra rude que lancei na sua direção. Muito vermelho, caminhou para mim balançando no ar o chicote. Acho que ele me lembrou muito fortemente a figura antiga e abominável do feitor branco, porque não deixei que levantasse completamente o braço. Minha bota pesou no seu ventre e minha mão fechada desceu como marreta sobre seu ouvido. Enquanto ele se arrastava para a calçada, cobrindo o rosto com uma das mãos, fiz o que nunca pensei que pudesse fazer nas circunstâncias: peguei o chicote do chão e caminhei para o seu veículo em passos lentos. Tinha conseguido uma sege, finalmente. Fui até as Laranjeiras sem me utilizar do chicote uma só vez, tão adestrado era o animal. Três ruas antes de chegar em casa, por gratidão, desatrelei o bicho e o soltei num relvado próximo a um riacho, onde ele deve ter se fartado de pastar.

Quando voltei a visitar Eusébio, ele me pareceu mais magro e muito abatido. Adelaide conversou longamente comigo na pequenina sala de visitas da casa e me disse que o médico receava que seu pai tivesse um tumor no pulmão, pelos sintomas que estava apresentando. Ela estava esperando o resultado dos exames que mandara fazer havia alguns dias, para resolver que tratamento fariam. Quis conversar com ele um pouco, embora ela me houvesse dito que meu amigo não podia falar muito. Ficamos no quarto sozinhos, eu e ele, enquanto Adelaide foi preparar alguma coisa para me oferecer. Eusébio me perguntou se eu sabia que os cegos tinham sonhos diferentes dos das pessoas que vêem bem, e eu lhe disse o que sabia a respeito. Depois lhe contei que na minha juventude em Tombuctu conhecera um arqueiro cego que localizava seus alvos pelo retorno aos próprios ouvidos do som dos gritos que ele dava em combate ou na caça. Eusébio ficou muito interessado e me pediu detalhes, mas minhas lembranças estavam um tanto apagadas a respeito.

"Vejo melhor as pessoas por dentro porque não as vejo somente por fora, como é o caso da maioria dos que enxergam bem", disse ele, falando mais lentamente que de hábito. Murmurei alguma coisa para que soubesse que estava atento, e ele prosseguiu:

"Vosmecê, por exemplo, sei que é feito de massa boa, e durante a vida juntou a ela bondade e compaixão. Posso dizer que vosmecê não mima a si mesmo, porque tem muito pouco esse 'si mesmo'. Sei porque Adelaide me disse que sua pele é escura com um tom avermelhado, mas essas palavras não querem dizer muita coisa para mim. Mas já vi em vosmecê, embora eu sendo cego, coisas que minha filha ainda não viu. Sabe por quê? Porque sua presença física distrai a atenção dela do que está dentro de vosmecê e não tem forma de matéria. Não sei se entende..."

Achei estranho que Eusébio estivesse falando de Adelaide e de mim naquele instante. Considerando o muito que ela e eu tínhamos sempre que conversar, julguei oportuno me explicar. Respondi que entendia o que queria dizer e que eu respeitava muito sua filha, a qual, por sinal, me distinguia com a sua consideração. E que até gostaria de ir mais à casa deles, mas temia que ele julgasse isso uma impertinência.

"Amigo Adriano", ele me interrompeu, "permita que chame vosmecê desse modo. Por necessidade, aprendi a não ver somente a forma externa das pessoas e das coisas, vejo-as por isso talvez melhor que os demais. A seu respeito, eu e minha filha pensamos da mesma forma. Sua presença nesta casa nos honra muito. E Adelaide fala sempre de vosmecê, tendo ficado muito preocupada quando soube da morte da sua esposa, a quem nós sabíamos que vosmecê era muito ligado. Ela tem uma amizade especial pelo amigo..."

Adelaide entrou no quarto com a bandeja de café, e tendo percebido que falávamos a seu respeito, ficou levemente perturbada. Serviu o açúcar e fez menção de sair, mas seu pai pediu que ficasse. Ficamos os três um minuto em silêncio.

"Não sei se vou viver muito mais", disse Eusébio, rolando seus olhos avermelhados nas órbitas. "Papai...", começou a protestar a filha. "Ninguém sabe nada a respeito", continuou ele, "mas eu tenho uma opinião sobre isso. Acho a morte tão natural quanto amar, comer e dormir, e todo processo natural é agradável para quem participa dele. Assim, não temo a morte, embora tema o sofrimento prolongado como qualquer animal. Mas não quero falar agora na morte, mas sim na vida, a vida dos que ficam. A mim parece que vocês dois se querem bem – desculpe, minha filha, essa agressão à sua timidez – e saibam que onde estiver, se estiver em algum lugar após a morte, eu abençoarei uma união de ambos."

Adelaide havia baixado a cabeça e permanecia imóvel. Eu olhava para ela e para Eusébio, esperando que um deles dissesse alguma coisa. Aí achei que era hora de dizer o que eu sentia.

"Gosto de Adelaide desde que a conheci, antes mesmo de falar com ela", comecei dizendo. "Mas por dois motivos nunca lhe falei sobre isso: antes, por estar casado com uma mulher que eu também sempre amei e, depois, por ela ter morrido há pouco tempo. Finalmente, pelo fato de Adelaide ser uma mulher jovem, branca e muito bonita, não sabia como ela veria a mim, um homem de pele negra e já com alguns cabelos brancos na cabeça, como um amigo especial..."

Adelaide balançava a cabeça me olhando, os olhos marejados d'água. Eusébio estendeu a mão e tomou as nossas, sorrindo, selando nossa união e me tirando do coração uma dúvida que me estava perturbando. Andei rápido para casa naquela tarde, para pensar sozinho no meu quarto naquilo que havia acontecido. Ibraim quis me mostrar uns livros que havia comprado, mas eu lhe pedi que falássemos no outro dia, porque precisava ficar sozinho. Ele me bateu nas costas suavemente, concordando. Fiquei acordado até muito tarde. Quando apaguei a lamparina da cabeceira, estava em paz comigo mesmo.

Dias depois, a caminho do jornal, parei na rua da Quitanda, nas imediações do finado *Correio Mercantil*, para falar com alguém que me acenou de longe, e que não reconheci de imediato. Era Estefânio Cobra, um Hércules mulato no tempo em que eu o tratara de um ferimento a faca na Santa Casa e que voltara a encontrar depois nas barrancas do rio Paraná, em plena guerra do Paraguai. Parecia abatido e estava visivelmente desprovido da musculatura de outrora, mas seu ânimo era o melhor possível. Disse que sempre se lembrava de mim e que, havia pouco, um amigo seu tinha recebido uma correspondência dos Estados Unidos da América do Norte, mandada por um certo Booker Washington, sobre uma escola que ele havia fundado para dar aos negros a educação e o preparo que os brancos em geral e, principalmente, os do Sul haviam lhes negado sempre. Cobra estava impressionado com o que se chamava na América de "Reconstrução", e tinha a certeza de que eu me interessaria muito pelo assunto se conhecesse os detalhes. Pediu meu endereço e prometeu mandar levar lá o material de que dispunha, o que de fato fez. Nunca pude agradecer-lhe a lembrança porque ele morreu de um colapso um mês depois, mas os trechos de cartas que ele copiou para mim e os dois livros que me mandou foram decisivos na minha vida, nos meses e anos que se seguiram.

Jantei com Horácio Mendes numa noite daquela semana e falei-lhe sobre a antiga vontade de fazer uma viagem aos Estados Unidos. Poderíamos repetir a parceria que nos levou a fazer a peregrinação a Meca e depois a seguir até a Europa, indo agora apenas a Nova York e a alguma cidade sulina da América do Norte, visitando pessoas interessantes e gente ligada ao movimento da chamada Reconstrução. No momento seria difícil para Horácio viajar, não apenas porque estava sobrecarregado de trabalho na Santa Casa, mas porque tivera despesas em sua casa e não poderia fazer frente aos gastos de uma viagem. Nessa noite, achei Horácio mais pálido que de costume e evidentemente mais magro. Experiências anteriores com pessoas queridas me haviam ensinado como as doenças graves se insinuam num organismo. Disse-lhe por que desejava refazer aquele percurso – a Abolição no Brasil, a insatisfação dos negros americanos com a libertação que eles já tinham conseguido, tudo me levava a pensar que a emancipação dos antigos escravos destacava uma abolição pessoal que era de fato espiritual. Horácio me encorajou a partir, lamentando que não pudesse me acompanhar. A questão real dos escravos me fascinava e concordávamos sobre isso em todos os pontos. Queria falar sobre isso no Valongo, para ouvir os demais, e ouvir a mim mesmo.

Foi bom escutar de novo a saudação *Ramadã mubarac* e poder responder *Ramadã carim*, ao me despedir. Durante a conversa que avançou noite adentro, falei no que estava me preocupando a respeito do movimento da Abolição no Brasil e da emancipação dos escravos na América. Havia tanta paixão em jogo nesse tema, que as infinitas esperanças do homem – do homem negro, no caso – haviam crescido desmesuradamente e ameaçavam se transformar em decepção depois. Essa decepção era a perda da fé e da esperança, a diluição do que havia de mais espontâneo no homem, a fagulha da fé e a centelha da esperança, que quando existem se fazem acompanhar pela *caritas*, não a caridade da esmola, mas pelo próximo, a difícil mas bendita compaixão. Era preciso não atribuir poder de milagre à abolição da escravatura, fosse onde fosse, no Brasil ou em outro lugar. Nada mudaria na alma do negro liberto e alguma coisa poderia piorar sem a casa e comida que ele sempre tivera na sua condição injusta de escravo. Havia paixão demais em torno da abolição. Em qualquer lugar onde eu falasse nisso, haveria alguém tentado a exclamar: "Mas vosmecê é contra a libertação dos escravos, um negro como vosmecê!". Era a tentação da frase feita, da exclamação de efeito, da contradição fácil de encontrar no outro – e a verdade que levasse a breca.

Jaja, Sule, Afiba e Babu não estavam entendendo o que eu queria dizer e me pediam que resumisse ou explicasse. Era impossível reduzir uma questão complicada a uma ou duas afirmações, sem que elas sugerissem duas ou três perguntas em seguida. Soíca, Osvaldo e Cala aprovavam com a cabeça, mas queriam também compreender todas as conseqüências daquilo que se dizia ali.

"A abolição dos últimos vestígios de escravatura é inadiável", comecei, espaçando as frases para pensar com maior clareza. "Isso está acontecendo de maneira desigual no mundo, seja na intensidade, seja no tempo. Entre nós e nos Estados Unidos temos dois tempos diferentes: aqui ainda esperamos uma iniciativa liberal dos senhores brancos, que virá a qualquer momento; lá eles já foram libertos, mas não foram aceitos nos lugares onde sempre viveram. Quando forem aceitos nos empregos e tiverem os mesmos direitos dos brancos, vão descobrir que ainda falta alguma coisa – muita coisa, para dizer a verdade."

"O quê?", perguntou Babu, o cenho carregado.

"Tudo o que falta ao branco, que falta a todos os homens...", respondi. "Só que agora, no Brasil, os pretos pensam que todos seus problemas são resultado da escravidão que ainda perdura. Amanhã, como os negros americanos, vão pensar que seus problemas dependem de sua assimilação na sociedade dos brancos. Se isso acontecer um dia, pensarão que suas aflições não se dissiparam porque não elegeram um presidente negro..."

"Qual seria o remédio? Mandar de volta os pretos americanos para a senzala e abolir no Brasil a Lei do Ventre Livre que mal acabou de nascer?", insistiu Babu, no seu jeito especial de desacreditar da própria indignação. Sentado na minha cadeira, observava a paixão que circulava pela sala em busca de um estopim.

"Remédio nenhum dá jeito nessa doença do homem", disse em voz baixa para que eles procurassem ouvir melhor e, assim, pensassem no assunto. "Nem mesmo os negros no poder, como já estão em várias nações da África, onde há tanto ou mais descontentamento do que na América. O remédio é individual, não coletivo, legal, legislativo, sei lá que mais! O Brasil negro está pensando na abolição da escravatura como solução para todos os problemas do mundo, e isso é perigoso porque é falso... Não é solução nem para os seus próprios. No entanto, se já a temos, vamos mantê-la, mas vamos também tirar a ilusões dos nossos olhos".

No final falei nos meus planos de ir aos Estados Unidos, e todos se deliciaram com a idéia, só lamentando não poderem me acompanhar. Cada um deles queria que eu visse por eles alguma situação a respeito da qual tinham uma curiosidade especial. Anotei mentalmente as perguntas, mas lembrei a eles que antes de viajar ainda voltaria à rua Esperança, no Valongo. No outro dia almocei com Adelaide no restaurante do Hotel de France, próximo ao Paço, e ela se mostrou muito preocupada com a saúde do pai. Falamos de nós em seguida, e eu lhe propus ter comigo uma vida em comum. Ficamos muito tempo conversando sobre o assunto, e de tudo o que ouvi me pareceu certo que estava inclinada a aceitar meus planos para o futuro. Pensava em fazer a viagem aos Estados Unidos em alguns meses, e na volta nos casaríamos. Adelaide mostrou-se preocupada com o que pensariam disso meu filho e meu neto, mas eu lhe afiancei que eles receberiam bem a idéia, uma vez que por Ibraim eu já podia falar, por saber o quanto ele já gostava dela apenas pelos meus relatos. Fasaha nunca se oporia, pensava eu, embora não estivesse muito convencido disso. O momento, no entanto, não era para dúvidas, e sim para encorajamento.

"Mas papai, ele moraria conosco?", perguntou Adelaide com um brilho aflito nos olhos.

"Sem dúvida, vai morar conosco", respondi de pronto. Mas Eusébio morreu 15 dias depois daquele meu encontro com sua filha. Fui até São Cristóvão, onde o corpo estava sendo velado em casa, e sem que Adelaide se desse conta tratei discretamente do enterro do pai. Quando ela me disse que Eusébio tinha juntado umas economias para pagar o próprio enterro, disse-lhe que conversaríamos sobre isso mais tarde e que já havia cuidado de tudo. Depois do enterro, no Caju, Adelaide me falou de um terreno que o pai e ela possuíam entre Pati-do-Alferes e um lugar chamado Estiva e que ela gostaria de vender. Disse-lhe que não havia necessidade de se desfazer do terreno porque não teria despesas a fazer no momento, mas ela insistiu. Contou que havia uma disputa de terras na região e que o pai havia entrado na Justiça para reaver o terreno que lhe tinham tomado a força. Pedi que me contasse tudo em detalhes e tomei algumas notas. Iria até lá eu mesmo saber como estava a situação do terreno. À missa de sétimo dia que mandamos rezar por Eusébio, compareceram Horácio, meu filho e meu neto, além de amigos do morto que eu não conhecia e aos quais Adelaide me apresentou como "um grande amigo de papai". Pensei na reação daquela gente simples do subúrbio, pobre mas conservadora, se ela me apresentasse – um negro, embora "escovado" como se dizia – como seu noivo ou marido. Mas não comentei nada com ela, embora depois tenhamos falado a respeito.

Nosso plano era que eu faria a viagem aos Estados Unidos primeiro, sozinho como havia desejado e como depois parecera inevitável, e na volta nos casaríamos, vindo ela morar naturalmente em nossa casa das Laranjeiras. Mas antes da viagem, que eu desejava começar por Nova York, eu mesmo iria até Pati-do-Alferes para saber alguma coisa concreta sobre a invasão do terreno de Eusébio e Adelaide, pedindo a algum corretor local que o vendesse logo que tivesse um preço justo. Fiz uma pequena mala e tomei, de madrugada, um trem da Estrada de Ferro D. Pedro II. Levei comigo uma página recortada do *Correio da Tarde* que queria ler antes de chegar naquela região que conhecera no passado. A notícia reproduzia um relatório do ministro da Justiça, conselheiro Lafaiete Rodrigues Pereira, sobre as lutas com quilombolas naquele lugar montanhoso da província do Rio de Janeiro. "Há muitos anos que persistem existindo entre os municípios de Iguaçu e da Estrela dois quilombos chamados de Gabriel e Bomba, que já foram extintos, mas voltaram à vida mais de uma vez" – li no jornal. "Residindo em vastos mangues, os refugiados percorrem com armas as circunvizinhanças e praticam toda sorte de dilapidações, além de seduzirem outros escravos..." Eram os calhambolas, como primeiro o povo de Sarapuí os chamou e todo mundo logo passou a denominar, até mesmo na Corte. Ainda estaria vivo algum daqueles homens que combateram comigo contra os policiais e os capitães-de-mato, havia tantos anos? Quem poderia me dizer isso era José Cabrinha, que fora meu anspeçada e se ferira gravemente logo no começo dos combates no quilombo de Querubim, perto de Iguaçu, e que então era chefe de um grupo rebelde na região dos riachos Perereca e Maraçaí. Cabrinha era natural do lugar chamado Travessão, nome que não esqueci.

Cheguei a Pati-do-Alferes já tarde da noite e fiquei na hospedaria de um certo Manoel Grilo, que ao jantar me contou muita novidade da região. Havia um delegado de polícia por lá que era um preto já idoso, Laurindo, homem respeitado e avesso à violência. Falamos sobre gente que tomava terra para fazer plantação, e Grilo disse que havia vários grupos poderosos que faziam isso, e com eles ninguém se metia não senhor. No dia seguinte bem cedo procurei o delegado e gostei dele logo no primeiro encontro. Contei meu passado e meu presente e Laurindo sorriu com admiração e simpatia. Quando lhe falei no terreno ocupado, ficou carrancudo e me aconselhou a desistir.

"O senhor volte para o seu Rio de Janeiro onde é feliz e está em paz", disse ele, os olhos baixos. "Essas terras de que está falando hoje pertencem ao coronel Josué Savino, que tem gente armada a seu serviço. Um perigo! Ainda me lembro de quando eles tomaram os terrenos do Vale do Javari. Hoje aquilo tudo está cercado e o melhor é não tocar no assunto por aqui."

Fiquei calado um tempo, olhando o delegado.

"Esse terreno é de uma pessoa necessitada, que perdeu o pai agora e precisa vendê-lo", falei em seguida. "De um jeito ou de outro vou conseguir isso, delegado. Se o senhor quiser me ajudar, agradeço. Se achar que isso está acima das suas forças, agradeço da mesma forma e vou sozinho. Só peço uma coisa ao senhor, que é meu irmão de sangue: não fique contra mim nem me impeça de garantir meu direito."

Laurindo parecia imóvel por trás de sua mesa, os olhos arregalados.

"O senhor não sabe onde está se metendo", murmurou.

"É tudo o que lhe peço, delegado, e não é muito", insisti. "O senhor tem alguma amizade especial com esse Josué Savino?"

"Não tenho trato nenhum com ele, mas tenho o dever de evitar a violência", respondeu o delegado, levantando uma sobrancelha.

"Não vou fazer nada violento, mas talvez tenha de reagir a alguma violência. É muito simples e não é ameaça. E quero contar com a sua honestidade. Posso contar, delegado?"

Laurindo balançou a cabeça, confirmando, e ainda a estava balançando quando saí, depois de apertar sua mão.

Passeei um pouco por Pati e aluguei um cavalo para ir até Estiva, a poucos quilômetros dali. No caminho, parei encantado com a paisagem mais ou menos no ponto onde deveria estar o terreno de Eusébio e Adelaide. E de repente me dei conta de que um dia, muito anos já passados, eu havia acampado exatamente ali com Olufeme e Fasaha ainda pequeno, e me admirara com a beleza daquele lago em curva, de água tão azul cercada de árvores altas e frondosas. Não havia trazido comigo a escritura, então não podia localizar as terras, mas tudo o que interessava era a beleza do lugar. Caminhei pela margem algum tempo, escutei o vento na folhagem um instante e montei para seguir caminho. Nisso, ouvi os cascos de um cavalo atrás de mim e me voltei. Um homem de chapéu de aba larga me apontava uma espingarda, do alto da sua montaria.

"O senhor costuma entrar em casa alheia sem pedir licença?", perguntou com voz forte. Medi o homem com um olhar demorado e vi que ele só tinha aquela arma.

"Esses morros e estradas são a casa de alguém, além de Deus?", interroguei por minha vez. O estranho também me examinava e pareceu vacilar. Num tom mais humilde explicou que aquelas terras pertenciam ao coronel Josué Savino.

"Pode-se falar com o coronel?" Era sobre o quê? Terrenos, propriedades e uma escritura que eu tinha. Bem, isso podia resolver com o administrador dele, que morava ali perto. Fomos até lá, passando além de umas colinas, lado a lado, devagar. O tal administrador era um sujeito de baixa estatura e de longa barba. Disse a ele que uma família minha amiga no Rio tinha a escritura de uns terrenos naquela região e que, tendo morrido o chefe da família, era preciso vender as propriedades. O homem me perguntou o que eu fazia na Corte, e eu tive uma idéia no momento: trabalhava no Ministério da Justiça e fazia relatórios sobre questões de segurança para o ministro-conselheiro, e estava ali a serviço para ver o problema dos quilombos de Estrela e Iguaçu. Essa família dona dos terrenos me havia pedido para aproveitar a viagem e ver a situação das suas propriedades. O homenzinho pareceu preocupado e me perguntou se eu tinha algum documento que provasse minha função no Ministério.

Cruzei os braços, sorrindo:

"Minha palavra são meus documentos...", respondi. Mandou que eu entrasse na sua pequena casa de madeira e tomou nota dos dados da escritura, os quais eu havia decorado. Depois me pediu que voltasse dali uma semana.

"Impossível, tenho de voltar para o Rio de Janeiro em dois dias", respondi.

Pediu-me que passasse no dia seguinte, fez um cumprimento com a cabeça e me acompanhou até a porta. Montei e segui caminho. No mesmo lugar onde havia parado pouco antes, estanquei de novo para olhar a beleza do lago. Num ponto onde ele se estreitava eu mandaria fazer uma ponte de madeira, de onde a visão do lugar seria perfeita, em ambas as direções para onde se olhasse. Naquela mesma noite, já em Pati-do-Alferes, procurei me informar sobre se aquele José Cabrinha que estava reinando na região do riacho Perereca era de fato meu antigo anspeçada do tempo da batalha no quilombo de Querubim, a qual me deixara duas cicatrizes no corpo. Apurei que era ele mesmo conversando numa venda de beira de estrada. Aí, como me sentia cansado depois de um dia longo e tenso, quis andar um pouco antes de me recolher. Mal virei a primeira esquina e me vi cercado por cinco homens que apontavam suas armas de fogo para o meu peito. Amarrado e dobrado em dois na sela de um jumento, bati estrada durante umas duas horas. Procurei respirar com a parte baixa do pulmão e evitar a agitação mental, que só dificultaria minha ação quando pudesse agir. A região me era completamente desconhecida, e quando chegamos diante de uma casa caiada havia pouco, não me surpreendi que ela fosse a única construção por ali. Entendi que estava em outro município e diante de uma autoridade qualquer.

"Qual é seu nome todo e de onde você vem?", perguntou um homem gordo, com um imenso bigode caindo pelo queixo. Disse-lhe meu nome, que vinha do Rio, que era contratado pelo Ministério da Justiça para investigar a proliferação de quilombos naquela região – toda a mentira que havia inventado naquele mesmo dia para assustar o inimigo e me defender. Havia quatro outros homens na sala, e eles se entreolharam rapidamente.

"Vosmecê parece mais um gato ladrão", falou um deles e alguém riu no fundo da sala. "Silêncio!", disse alto o homem gordo que fazia as vezes de delegado. Ele tornou a falar:

"Seu nome verdadeiro e o que faz aqui – sem mentiras, negro." Repeti a ladainha e ele me perguntou por que não trazia documentos. Porque fazia meu trabalho em caráter secreto e reservado, por recomendação do próprio Ministério, respondi. Ficaram todos imóveis na sala. Pensei depressa e acrescentei uma frase recheada de ameaças veladas, mais ou menos assim:

"Se alguma coisa me acontecer aqui, essa região vai se tornar um inferno para vocês, um mês depois, com tropa, interventor e tudo mais. Por outro lado, se me derem aquilo que quero, assumo o compromisso de manter silêncio sobre essas afrontas todas que estou sofrendo. Eu, um funcionário direto do ministro Lafayette Pereira..."

A um gesto do homem de longos bigodes, dois daqueles tipos me trancaram num quarto fechado nos fundos da casa, mas fizeram isso com surpreendente delicadeza. Ouvi suas vozes durante algumas horas, e com o ouvido colado na fechadura podia escutar bem o que diziam em dois compartimentos adiante. Estavam com medo de que minha história fosse verdade, e o homem gordo decidiu finalmente ir ao encontro do coronel Savino em pessoa, para relatar os fatos. Já quase amanhecendo, dois homens entraram no quarto em que estava e perguntaram o que eu queria, afinal. Queria a posse dos terrenos que tinham sido roubados e o direito de entregá-los a um corretor para venda imediata, mas só mostraria a procuração respectiva no cartório. Os homens queriam saber quanto valiam, aproximadamente, os dois terrenos que eu queria reaver. Lembrei o valor que Adelaide me dissera e o multipliquei por dois. Os homens saíram, sem dizer palavra, trancando de novo a porta por fora.

Uma hora depois, o sol já entrava pelas venezianas da janela e eu sentia fome. Achava, no entanto, que valia a pena esperar com dignidade. Finalmente, o delegado gordo entrou pelo quarto acompanhado de cinco outros homens, mas agora eles pareciam pessoas bem educadas. Traziam o dinheiro e dois papéis para eu assinar. As armas de três dos homens continuavam apontadas para mim, mas de fato estava efetivando a venda de dois terrenos que eu nunca tinha visto e que não eram meus. Depois de assinar com garranchos ilegíveis, o homem gordo sorriu e me apertou a mão.

"Somos pessoas de palavra", foi dizendo, enquanto me continha para não lhe arrancar da boca alguns dentes escurecidos pelo fumo. "O coronel Savino está comprando de vosmecê seus terrenos. Cumpra sua parte e não volte mais por aqui. Do contrário, um de nós vai ter de matar o outro da próxima vez que nos encontrarmos..."

"De acordo", respondi. "Isso não seria difícil para mim, mas estou de acordo com o trato e me dou por bem pago."

Ao sair me ofereceram um prato de feijão com farinha, que recusei sem agradecer. Pedi que me emprestassem um cavalo para ir até Pati e que me ensinassem o caminho. Um homem deles me acompanhou até a porta da hospedaria, onde peguei minha mala, depois foi comigo até a estação e esperou o trem chegar, sem que trocássemos uma palavra. Rabisquei num papel de carta que trazia comigo um bilhete que pedi a meu acompanhante que entregasse ao coronel Savino naquele mesmo dia. Depois entrei no trem sem me voltar. Como era mesmo o bilhete que havia escrito?

Alguma coisa assim: "Não faço acordo com malfeitores. Dou-me por pago quanto aos terrenos, mas como funcionário público tenho o dever de informar aos meus chefes a situação reinante nestas terras, por sua responsabilidade. Assim, não se espante se eu voltar muito em breve aqui acompanhado de tropa real. Quando isso acontecer, não gostaria de estar no lugar de vosmecê".

Enquanto o trem descia a serra, me deliciava imaginando os possíveis efeitos daquele bilhete. E folgava por não ter conhecido pessoalmente o coronel Savino, uma vez que esses tipos não me deixavam em boas relações com uma parte da humanidade. Quanto a José Cabrinha, meu antigo anspeçada, pensei ter perdido para sempre a oportunidade de revê-lo porque não fui logo procurá-lo e porque temi que a sua ajuda fosse fonte de violência e de sofrimento para outros homens. E agora olhava a serra com encanto, pensando que em breve iria encontrar Adelaide e meu neto Ibraim, e poderia me sentar de novo no meu escritório e folhear algum livro escolhido ao acaso, na velha casa tão feliz das Laranjeiras.

7

Bahia e Nova York

1879

"É preciso aprender a morrer, antes de morrer." A frase atribuída a Maomé me acompanhou em sonhos uma noite inteira. Era pelo mês de maio e começava a fazer algum frio de madrugada, de modo que vesti um casaco e fui para o escritório antes que qualquer sinal de sol aparecesse por trás das persianas. Imaginei que a morte me houvesse visitado naquela noite, pousando de leve suas asas negras no meu peito, mas em seguida desistindo da colheita e voado de volta ao Hades, onde ela mora. Não senti medo, apenas me pareceu que eu me havia distraído e estava brincando com a vida de novo, como antigamente. Não que corresse perigos levianamente, mas talvez estivesse desatento vida afora. O dia da viagem que se aproximava nada tinha a ver com aquilo. Não havia risco desnecessário algum em tomar um navio e viver uns pares de meses num lugar que não conhecia – e havia muito aprendizado nessa mudança de lugar. No *Mantic uttair* a poupa diz ao falcão que todos os lugares são bons para se estar, e nenhum é melhor que o outro, mas conhecer um e outro ajuda a entender quem é aquele que não muda, na paisagem que muda.

Foi após a *Miraj*, sua viagem noturna, que o profeta confirmou a antiga via da peregrinação que a todo fiel cabia fazer. Os chineses buscavam a montanha central, que não era mais que um eixo que se levantava até o céu. Essa caminhada para o centro de si mesmo era como a fuga para o Egito dos judeus e cristãos, tal como a travessia do deserto e do Mar Morto que Orígenes compreendia como etapas de uma progressão espiritual. A visita da morte nos meus sonhos daquela noite era talvez a mesma de que falava o *Livro dos Mortos* do antigo Egito, conforme eu havia lido na biblioteca do Convento do Carmo pouco antes, em obra que concluía a cada passagem que a verdadeira e imensa viagem era afinal aquela que todo homem podia fazer no íntimo de si mesmo. No meu sonho ouvira uma voz repetindo *Sollina, sollina*, que em fula quer dizer "seja como um pássaro, veja tudo do alto como se não pertencesse ao mundo". E *Bacuntá*, que em hauçá queria dizer "seja como um visitante, que vê melhor porque não tem apego", dizia em seguida outra voz sem rosto, enquanto eu via uma paisagem de deserto, no sonho daquela noite.

No último encontro com meus irmãos pelo coração, no Valongo, revi um fula como eu que havia muito não encontrava, pois ele passara a trabalhar há algum tempo como homem livre na província do Rio Grande do Sul e, então, se encontrava de passagem pelo Rio. Era Idrissa, velho companheiro de fé e guerreiro típico do Futa Jalom, que apesar de ter passado dos 70 anos não aparentava a idade. Falei com o grupo sobre a visita da morte duas noites atrás, e na viagem que faria muito em breve aos Estados Unidos. Não me surpreendeu que Idrissa já tivesse ouvido falar em Frederick Douglass e em Booker T. Washington, embora dispusesse de pouca informação a respeito. Sobre a luta pela abolição dos escravos no Brasil, pensava como muitos de nós no Valongo, de onde Idrissa tinha surgido: não havia muito o que falar sobre o assunto. Quando sentiu que estava de fato entre seus irmãos de outrora, pôs-se mais à vontade.

"Tenho medo dessas esperanças imensas", falou Idrissa, "todas depositadas na libertação dos negros. Os brancos levam essa grande vantagem em relação a nós: não põem sua esperança numa libertação do corpo, porque já são livres nesse ponto." E continuou, no silêncio da sala:

"É bom que a abolição da escravatura venha completa e sem reservas, para que nos tempos que se seguirem os antigos escravos entendam que nada mudou dentro deles, lá onde as coisas precisam mudar. No íntimo e no fundo de todos os homens do mundo..."

Saí de minha cadeira e fui apertar a mão de Idrissa, que me pareceu surpreso e um tanto encabulado com o entusiasmo de todos. Nos Estados Unidos, ele acrescentou em voz mais baixa, deveria ser a mesma coisa. Comentei que lá havia ocorrido o que precisava acontecer depressa aqui, para matar aquela ilusão de que a liberdade do corpo era tudo o que precisava ser conquistado.

"O corpo não sabe o que fazer com a liberdade quando o espírito é prisioneiro", falou Sule, continuando: "Se ambos são prisioneiros, a desgraça não é maior...".

Será que Booker T. Washington cuidava disso em sua escola para negros? E Douglass e seu filho, escreveriam sobre essas questões nos jornais de seu país? Isso tudo eu iria ver com os meus olhos e contaria na volta. Mas não esperassem meu retorno para logo, porque não tinha planos para me apressar. *Festina lente,* citou Soíca, feliz com o próprio latim, mostrando seus belos dentes brancos numa risada franca que contagiou a todos.

O navio que me levaria a Nova York era o "Great Britain", então reformado depois de vendido a uma companhia americana, ele que servira no Atlântico Norte por mais de 30 anos, desde que fora o primeiro navio a vapor com casco de ferro a conduzir passageiros e carga na história da navegação moderna. Saído pela segunda vez de um estaleiro na Nova Inglaterra, segundo me foi dito quando comprei a passagem, fora reformado para fazer as linhas da América do Sul e da Europa em viagens alternadas. De fato, quando entrei a bordo levado por Ibraim, que obtivera uma permissão para me acompanhar até o camarote com as malas, a primeira coisa que vi no passadiço foi uma placa comemorativa com uma data: "1843 – Great Britain – the first steamship with an iron hull". Conversamos sobre viagens e navios, eu e meu neto, até que apitos de marinha nos avisaram da partida do barco.

“Na próxima viagem vou com você...”, disse ele, enquanto me abraçava. “Na próxima acho que você vai sem mim... Estou ficando velho para viajar”, falei sorrindo, enquanto ele já me acenava da ponte. Quando perdi de vista a figura esbelta de Ibraim no cais, comecei a ver o cenário da cidade no fundo e em volta de mim. Não entrei no camarote apesar do vento no tombadilho, senão quando o presépio deslumbrante desapareceu atrás das montanhas, porque me custava muito me separar de tanta beleza. Nascido na África e criado na Bahia, lugares de muitos encantos, aquela cidade que acabava de sumir dos meus olhos naquele fim de tarde era mais que qualquer outro lugar do mundo para mim. Por um instante, temi não voltar a vê-la, mas a idéia medrosa vôou para longe quando entrei no meu camarote e comecei a tirar as roupas da mala.

Na véspera da chegada à Bahia custei muito a conciliar o sono. Quarenta e poucos anos haviam passado desde que escapara de Salvador para o sertão, seguido de Firmino, depois da sangueira de Água de Meninos. Imaginava a cidade mudada, com outra gente nas ladeiras e praças, mas o mesmo casario branco e igrejas velhas. O navio passaria dois dias botando carga para dentro, e esse tempo eu destinaria a rever a cidade onde passei meu tempo de moço. Desde a véspera da chegada eu já sentia que estava de fato visitando não a cidade, mas aquele que eu fora quando vivia por lá. Uma vez me ocorreu que a saudade que alguém sentia era sempre a saudade de si mesmo, e eu então queria saber por que ela se apresentava como tristeza pela falta de alguém ou de alguma coisa. Naquela véspera inquieta sonhei que estava em Tombuctu, olhando a mesquita secular de barro que ainda hoje deve estar na grande praça poeirenta, quando dela saiu correndo um menino com o rosto sangrando e que veio para mim e me abraçou em prantos. E no sonho disse a ele que a dor passaria depressa, mas aquela marca ritual ficaria até o fim da vida, quando já fosse o velho rei querido de toda a sua gente. E me abraçava com o menino, enquanto suas lágrimas molhavam também meu rosto. Quando fui para o tombadilho adivinhar os contornos da cidade, ainda ouvia o lamento do menino, que era eu mesmo na festa ritual da minha puberdade.

Andei lentamente pelo cais da Bahia, o mesmo chão que pisara havia quase meio século, os pés descalços e muito sangue nas pernas. Sangue de outros, que o meu mesmo não derramei naquela guerra. Olhava para as bandas de Itaparica e pensava no vendedor de fumo que queria me vender também cadeirinhas de arruar, na véspera da revolta, imagine. Muitos rostos jovens, nenhum que eu conhecesse. Ouvia a voz do embuçado me dizendo, logo que subi à terra: "É amanhã o dia...". Fui pela Ladeira da Conceição da Praia acima, até o ponto onde se vê o mar. Segui então pela Ladeira da Preguiça e dei por falta dos tabuleiros de paçoca na calçada. Queria ir até a Barroquinha, não sabia bem o porquê. Tomei um caldo de cana e comi um pastel, puxando conversa com alguns dos eternos pobres da Bahia que permaneciam naqueles mesmos bares e calçadas nos últimos 40 anos em que andei longe.

"Que nada, a Maria Adeluz está viva e com saúde, benza Deus!", disse um rapaz magriço, apontando o dedo longo para um sobrado. "Mora ali..." Precisava ir lá, ainda que seu novo amante me botasse porta afora com ciúme. Bati, e uma mulata de cabelo branco me encarou de cenho franzido. Era a Maria. Fiquei rindo e olhando, sem dizer palavra. Aos poucos o cenho se desfez e desceram lágrimas dos olhos dela. "É Muçá, Virgem Maria, é Muçá que voltou do céu para me visitar..." E não conseguia segurar o choro. Maria Adeluz não tinha amante ciumento, mas tinha cinco netos e cuidava deles durante o dia, enquanto os pais trabalhavam. Fomos para a cozinha, onde ela fez um café para me servir com bolo de aipim. Confessei que temia que ela tivesse morrido, e Maria disse que ela havia ficado certa da minha morte no dia seguinte da revolta. Da última vez em que nos encontramos dentro de casa não saímos da cama, mas agora, com tanta criança em volta, isso era mais difícil. "Você parece tão moço, meu amado!" Ficamos encostados na pia da cozinha: "Você também", respondi. É, com a idade eu havia aprendido a mentir, ela respondeu. Rimos e falamos nas pessoas daquele tempo, muitas mortas, todas muito velhas.

"Lembro aquela madrugada, você comendo laranja e pão com pimenta...", falei, tocando a mão dela. Maria não sabia mais onde estava o pacote de café, e a água não esquentava. "Se pudesse andar por aí um pouco comigo...", propus. Não podia deixar as crianças agora, mas à noite poderíamos sair. Olhei os telhados da Barroquinha pela janela. "Do povo malê daquela época só conheço um que está vivo, é o nagô Luís Sanin – lembra dele? – que ainda mora na Vitória", disse ela. Mais tarde ela foi comigo até a porta e eu prometi voltar quando viesse a noite. Ao beijá-la no rosto, toquei de leve seu seio. Enquanto descia a escada ela me olhava, sorrindo: "Vosmecê não mudou nada".

Andei muito a pé, naquela tarde. Na Vitória não encontrei vestígio de Sanin, o velho guerreiro que morreu muitas vezes durante a revolta e outras tantas vezes me chamou para lutar com a polícia e a guarda. Voltei cansado para a Cidade Baixa e não cumpri a promessa de procurar Maria Adeluz. Voltei para o navio e fiquei na cama me abanando com uma ventarola que trouxera na mala, até que adormeci profundamente. Ao acordar no dia seguinte pensei que havia ajustado todas minhas contas com a saudade, isto é, com as lembranças da pessoa que fui quando morei na Bahia. O resto da viagem foi tranqüilo, com gente desinteressante a bordo e duas tempestades na altura do equador para quebrar o marasmo.

Em San Juan, Puerto Rico, não desci à terra, tendo preferido ver a cidade fortificada, com imensas encostas cobertas de vegetação e grandes canhões antigos voltados para nós, da coberta do navio. Um oficial de bordo me disse que San Juan fora atacada, nos últimos anos, por navios ingleses e holandeses, que bombardearam as ruas e mataram muitas pessoas. Segundo o capitão Parker, aquela antiga colônia espanhola que trouxera escravos de Santo Domingo para trabalhar com plantações de cana era um país quase somente de negros. Enquanto passávamos pelas fortalezas, ele falava longamente sobre a história daquelas ilhas onde ele aportava regularmente, mas eu estava um pouco distante, querendo voltar à leitura do *Specimen Historiae Arabum*, de Edward Pococke, uma obra antiga que eu havia encontrado numa loja de livros velhos no Rio, menos de uma semana antes de embarcar.

Durante a viagem, evitara ler na sala de estar do barco para não ter de recusar convites de pessoas amáveis para jogar cartas, o que eu definitivamente detestava fazer. Logo que pude voltei ao *Specimen*, e quando dei por mim já estávamos novamente em alto-mar. Nos dois últimos dias de viagem o tempo mudou e passou a fazer frio, para nos lembrar de que estávamos no hemisfério norte do planeta. Aos poucos, fui tirando da mala as roupas que trouxera para o inverno de Nova York.

A vista do porto era extraordinária, logo na chegada. Os mastros altos das embarcações se misturavam a uma infinidade de chaminés dos vapores, e ao fundo se levantava o casario que se alongava em ambas as direções e deixava entrever alguns prédios muito altos, com imensas escadas de ferro do lado de fora e cisternas escuras todas com o mesmo formato cilíndrico. Podia ler os nomes das casas comerciais e armazéns, gravados nas suas fachadas. Morell, Fox, Battes, Carver foram alguns dos primeiros nomes que vi e gravei. Ao longo de todo o cais podia ver planos inclinados flutuantes que eu bem sabia servirem para a construção e o reparo de embarcações. Ao contrário do Rio de Janeiro e de Ponta da Areia, onde essas construções podiam ser contadas a dedo, em Nova York elas existiam às centenas, o que dava para medir as dimensões do porto. Mais tarde voltaria até ali a fim de caminhar pela Front Street, saindo na Water Street e retornando até a Beekman Street, sentindo o cheiro de mar e de peixe no mercado, comendo camarões e ostras em tendinhas e mesas que surgiam e desapareciam logo, porque, segundo soube, eram ilegais.

Fiquei no velho hotel St. Denis que havia sido renovado havia pouco, na rua 11 esquina da Broadway, um prédio colossal com 250 quartos. O banheiro privativo do meu quarto foi um espanto para mim, com aquecimento a vapor, ventilação interna e elevadores movidos a força hidráulica. Uma placa no suntuoso saguão de entrada informava que o cientista Alexander Graham Bell dera ali, exatamente no segundo andar, uma demonstração do seu sistema de comunicação da voz humana a distância. Outras placas mencionavam mais coisas sobre as glórias da casa, como ter hospedado os presidentes Abraham Lincoln e Grant, este último havia pouco tempo. Nos dias que se seguiram procurei pessoas cujos endereços eu trouxera do Brasil, e me admirou sempre a afabilidade com que me receberam. A primeira delas foi Bubi Reitman, antigo escravo que se correspondia com Soíca havia alguns anos e a quem o dono da casa no Valongo me apresentou por carta.

A caminho da casa dele no fim da Broadway, parei diante de um portal imenso com uma inscrição na pedra: *gnothe seauton*, conhece-te a ti mesmo. Não havia sinal de gente por perto e fiquei algum tempo na calçada vendo as casas igualmente senhoriais, mas decadentes, do outro lado da rua. Bubi foi o primeiro americano que conheci pessoalmente, e desde o começo ele me impressionou pela simplicidade e franqueza. Não conhecia o formalismo e a cerimônia a que eu me havia quase acostumado no Brasil. Sua casa ocupava um segundo andar inteiro e ali ele vivia com a mulher, Bessie, e quatro filhos no que me pareceu um grande labirinto repleto de móveis, livros e jornais velhos. Sua menina mais nova, Elsie, apontou para mim quando entrei e gritou: "Daddy, he is a bobcat!". Essa comparação havia me acompanhado a vida toda. Ri primeiro e todo mundo riu depois.

"Miau", fiz para ela. As outras crianças se espremiam na porta do quarto, para me ver. Bubi trouxe burbom e suco de laranja. Contou que estava muito triste com a morte recente de uma grande amiga, Sarah Josepha Hale, poetisa de notável valor segundo ele, autora de um livro com o título *The Genius of Oblivion*. Eu e Bubi saímos para andar até o oeste do Central Park, entre as ruas 61 e 63, depois do almoço, e ele foi me apresentando a toda espécie de gente, em geral negros e negras imensos e bastante comunicativos, que faziam muitas perguntas sobre minha origem. Joe Carlyle era um velho branco que conhecia todo mundo naqueles quarteirões habitados quase somente por negros.

"Já recitou o *Mary's Lamb* para ele?", perguntou Joe a Bubi, provocando a risada de um pessoal que estava parado à porta de um sapateiro. O dono da loja também riu, mas não levantou os olhos de seu trabalho. Paramos ali, e uma mulher trouxe de dentro da loja xícaras de chá quente para nós. Bubi preparou-se para declamar e todos ficaram imóveis.

"*Mary had a lamb*", começou, com sua voz quase cavernosa. No ponto mais famoso do poema, ele recitou mais alto, de um modo que até os passantes do outro lado da rua pudessem ouvir.

He followed her to school one day
That was against the rule
It made the children laugh and play
To see a lamb at school.

Olhei espantado com o final abrupto, mas logo disfarcei a surpresa, fazendo menção de aplaudir. Todos aplaudiram imediatamente. Em seguida, Bubi fez uma saudação e eu o imitei, já caminhando ao lado dele pela calçada.

Bubi me apresentou Oscar Lloyd naquela mesma tarde, e este propôs que fôssemos a algumas grandes lojas da cidade para que eu pudesse ver a riqueza daquele país. Fomos até a R. H. Macy e à Tiffany, e em seguida à Brentano na Union Square. Lloyd nos contou que mandava fazer uma casaca e uma roupa de verão todos os anos na loja Lord&Taylor, da Grand Street, que ele quis me mostrar também. As ruas do centro ficavam cheias de gente que caminhava nas duas direções sem se atropelar, como na Ouvidor do Rio, mas dispondo de calçadas muito mais largas. Que homens eram esses que se vestiam tão bem, com seus chapéus-coco ou cartolas, guarda-chuvas ou bengalas na mão e nos braços? Eram comerciários os mais bem vestidos, e mensageiros de empresas os de chapéu-coco, explicou Bubi imediatamente. Na Broome Street fiquei admirado com a quantidade de *omnibus* puxados com dois e quatro cavalos e de seges que corriam para um lado e outro sob as rédeas de cocheiros exímios.

Nos dias que se seguiram encontrei-me de novo com os novos amigos e fui apresentado a uma advogada branca, Elizabeth S. Lyman, que me ofereceu seus serviços se precisasse deles. Como não entendi logo o oferecimento e eu era estrangeiro, ela me explicou que os negros sofriam freqüentemente ultrajes ou restrições, e a lei os protegia, de modo que havia um número cada vez maior de negros que iam aos tribunais para acusar brancos de lhes negarem direitos garantidos pela Constituição do país. No hotel St. Denis, onde estava hospedado, eu havia sido avisado de que deveria abandonar meu quarto no dia seguinte porque a reserva fora feita apenas por três dias, o que não era verdade. Imaginei que quando escrevera para o St. Denis, havia uns dois meses, eles não tinham suposto que seu futuro hóspede seria um negro, e na minha chegada não tiveram coragem de me negar hospedagem. Agora tinham inventado um pretexto. Expliquei a situação a Elizabeth e ela me disse que iria primeiro até a gerência do hotel, e se fosse preciso entraria depois com um requerimento em juízo alegando preconceito de raça. No dia seguinte ela esteve na gerência do hotel, e quando a procurei no seu escritório ela me disse que o problema já estava resolvido e que no St. Denis lhe disseram que fora tudo um engano, e se desculparam por ele. Não cheguei a saber o que houve, nem Elizabeth me cobrou nada por sua visita ao hotel, mas a partir daquele dia os empregados de lá passaram a me tratar com uma deferência que até me incomodava um pouco.

Convidei Bubi e Lloyd para irmos a um espetáculo de ópera na Academia de Música e eles aceitaram na hora. Era uma platéia imensa, com três andares de frisas e camarotes, onde se exibia *Carmen*, de Georges Bizet, a que eu nunca havia assistido. Depois do espetáculo descemos pela Quinta Avenida até o reservatório Croton, sombrio à noite porque a iluminação a gás não clareava seus muros altíssimos. Na calçada onde estávamos havia prédios antigos que pareciam fortalezas e que, soube depois, eram de fato uma casa só, a House of Mansions. Mais adiante, paramos para olhar a fachada de uma grande igreja presbiteriana toda em tijolos aparentes. Uma cidade monumental! Horácio Mendes havia me sugerido que procurasse um certo Dan Rice, que de quatro em quatro anos se candidatava à Presidência dos Estados Unidos e que havia trocado cartas com um médico paulista amigo dele. Rice tinha sempre um apartamento em Nova York, embora residisse na época em Washington, mas não sabíamos qual era sua profissão.

No velho edifício da rua 100 uma mulher me informou que Rice estava trabalhando num teatro na Broadway e que seria melhor eu comprar uma entrada e procurá-lo no seu camarim. Imaginando que se tratava de um ator, fui lá naquela noite e comprei uma entrada para o espetáculo, variedades com música saltitante, coristas com pernas provocantes à mostra, um bobo da Corte e um urso bem treinado. Terminada a função, fui aos camarins e procurei Mr. Rice, sendo encaminhado finalmente a uma porta com o seu nome gravado por fora. Quando uma voz de dentro me mandou entrar, tive o espanto de me deparar com um palhaço de cara ainda pintada e nariz postiço, que me perguntava o que eu queria. Disse quem eu era, de onde vinha e dei o nome do seu correspondente em São Paulo. Rice sorriu e me mandou sentar, perguntando em que poderia me ajudar. Disse a ele que era jornalista em meu país e queria ter a honra de conhecer um político dos Estados Unidos. Rice me disse que de fato não era político, era um *clown* por vocação e achava que seria isso toda sua vida. Mas se fosse eleito presidente uma das vezes em que se candidatava, poderia fazer muita coisa pelos Estados Unidos e mudar alguma coisa que os políticos vinham fazendo de errado por lá. Seu nome verdadeiro era Daniel McLaren e nas suas campanhas costumava dizer o que o povo gostaria de dizer aos seus homens públicos.

"Por exemplo", falou ele, esparramando-se numa poltrona e acendendo um charuto, "mostrar que um palhaço de verdade pode ser candidato, quando os que aspiravam normalmente à Presidência são quase sempre palhaços não confessos."

Dan Rice me ofereceu burbom e, diante da minha recusa, serviu a si próprio uma grande dose. Depois, me convidou para jantar e pediu licença para se lavar. Fiquei no corredor dos camarins cerca de uma hora esperando por ele, e quando apareceu cambaleava um pouco, como se estivesse embriagado. Fomos a um imenso restaurante decadente da Sexta Avenida, o Caffery's, onde ele comeu copiosamente e falou sobre sua vida. Disse que não estava bem de saúde, mas que pretendia candidatar-se novamente no ano seguinte à Presidência da República por um partido novo. E confessou que estava comendo e bebendo um pouco mais do que lhe permitia seu médico.

"Hoje ganho cerca de mil dólares por semana, o que é excelente na minha profissão", disse Rice. "E faço aquilo que me agrada fazer na vida. Não sou um político que faz palhaçada, como a maioria deles, mas um palhaço que às vezes faz política", falou, dando uma gargalhada que fez todos dentro do Caffery's se voltarem na sua direção. A certa altura uma mulher de meia-idade, mulata, com o rosto exageradamente pintado e um arminho tingido de vermelho ao pescoço, aproximou-se da mesa saudando Rice aos gritos e com gargalhadas. Ele se levantou com dificuldade e a abraçou longamente, apresentando-a em seguida:

"Esta é Helen Williams, você naturalmente a conhece de nome", disse com a voz enrolada. "Mora na Flórida, mas vem uma vez por ano a Nova York para cumprir sua missão no mundo, que é curar o corpo e a alma dos homens. É a melhor pessoa que conheço, é uma emissária de Deus..."

Helen se sentou conosco e conversamos por muito tempo, também ela tomando burbom. Não devia ter mais de 30 anos e estava excessivamente agasalhada para a temperatura que estava fazendo, apesar de ter tirado o casaco que vestia. Quando houve uma oportunidade na conversa, contei-lhes que eu próprio tratava doentes com ervas. Helen se interessou muito, pedindo detalhes. Como eu não soubesse o equivalente em inglês da maior parte dos medicamentos naturais que usava, o entendimento entre nós tornou-se aí mais difícil, mas Rice procurava nos ajudar. Helen perguntava com insistência se eu usava o *bitter principle*, e eu confirmei, lembrando o absinto e a gensiana. De repente ela me tocou na mão e me interrogou sobre a cantárida.

"Não é vegetal", estranhei.

"Sei, mas é medicamento...", ela insistiu.

"Nunca usei nem recomendei", disse-lhe então.

Helen sorriu misteriosamente e acrescentou que eu deveria ter experimentado pelo prazer que aquilo dava. Não me lembrava de haver alguma vez precisado estimular os sentidos, pensei, porque eles funcionavam até em excesso. Devia tê-los moderado, isso sim, em algumas ocasiões. Mas Rice atalhou falando de sua própria vida e, em seguida, perguntando a Helen sobre seu amigo comum Francis Schlatter, que eu soube ser um talentoso curandeiro que vivia em Denver, no Colorado. Quando saímos do Caffery's, ambos estavam muito excitados. Fiquei entre eles e nos demos os braços. Andamos cerca de uma hora, subindo The Boulevard, que era o nome da Broadway acima da rua 59, e deixamos Rice na porta de sua casa. Helen tinha um pequeno apartamento, segundo me disse na hora, cinco ruas ao norte. Fomos a pé, em silêncio, ela apertando minha mão, até sua porta, onde insistiu para que eu subisse. Na sua morada simples aconteceu o que eu estava prevendo desde que falamos na cantárida, ainda no restaurante. Dormimos juntos e saí de manhã bem cedo, de volta ao hotel St. Denis, onde fui recebido com um sorriso e um exemplar do *The Herald* daquele dia.

Rice sabia da minha curiosidade por pessoas talentosas e me mandou um bilhete, que recebi no dia seguinte, perguntando se gostaria de ir com ele a Nova Jersey, um estado vizinho, para conhecer Mr. T. A. Edison, pessoa bastante incomum e intelectualmente muito bem-dotada. Acertamos o encontro e alugamos um tipo de sege maior do que a usada no Rio de Janeiro, que nos levou por estradas de terra batida bem conservadas, durante umas boas horas, até um conjunto de barracões no meio do campo. O percurso foi monótono, num descampado com mangues de um e outro lado da estrada, e durante a viagem falamos sobre a vida do homem comum num país como os Estados Unidos. Fazia mais frio em Menlo Park do que em Nova York. Edison me pareceu mais baixo do que eu imaginara, e seu cabelo caído na testa me fez pensar na simplicidade característica dos gênios. Tomamos chá em sua sala de visitas e ele fez algumas perguntas sobre minha vida. Enquanto me levava para um passeio num dos galpões, onde havia uma infinidade de cubas de vidro, fios e chaves elétricas sobre grandes mesas, parou para me falar de sua última experiência, uma lamparina acionada por eletricidade. Sua voz poderosa ecoava no barracão, e ninguém se mexia para não interrompê-lo.

"Then, I saw an arc lamp with professor Barker in Philadelphia", disse ele, quase trovejante. "Later, I indeed create hight vacuum and good conditions for it. The problem was solved if the filament would last. It did at october 21st, this very year! We sat and looked to the lamp. It lasted about 45 minutes. We got! See that, my African friend?"

Mas a lamparina não estava disponível naquele momento, de modo que não cheguei a vê-la funcionando. Andávamos agora pelo parque ao lado de um barracão. Rice queria saber qual era a vantagem da lamparina elétrica em relação ao bico de gás moderno. Mr. Edison descreveu o que poderiam ser as grandes cidades com iluminação noturna por eletricidade. O problema era conseguir fazer milhares de filamentos que funcionassem tão bem quanto aquele da experiência.

"Pelo menos as pessoas que sofrem de insônia e que se acostumaram a ler durante a noite", disse Rice meio sério, meio brincalhão, "terão na lamparina elétrica uma grande ajuda, porque a iluminação a gás cansa os olhos..."

"É verdade, é verdade", respondeu mr. Edison, olhando em volta com certa inquietação. Imaginei que ele deveria receber centenas daquelas visitas durante a semana e preferiria falar com pessoas da sua especialidade. Um dia, pensei, com os avanços notáveis da ciência, somente os homens da mesma área de conhecimento vão se comunicar socialmente. Com os outros, serão apenas cumprimentos polidos e palavras formais. Mr. Edison nos levou até a porta do seu gabinete com certo alívio, e ainda conseguiu nos acenar com a mão de longe, quando nos acomodamos na sege. Poucos meses depois, quando regressava de minha viagem a Nova Orleans e a Natchez, vi que estavam sendo instalados na Broadway o que o povo chamava "os arcos luminosos de Brush", entre as ruas 14 e 26, com um efeito extraordinário à noite. Muita coisa me fez lembrar de Mr. Edison e do nosso encontro, nos anos que se seguiram.

Antes da viagem ao sul, ainda em Nova York eu costumava tomar o *omnibus* puxado por quatro cavalos que subia e descia a Broadway, indo até a Washington Square. A vista de suas amplas janelas envidraçadas era quase hipnótica. Um dia fui até o ponto final e ali tomei uma sege americana para atravessar o Bloomingdale e ir ao Asilo dos Órfãos de Cor, na esquina da rua 117. Quando me identifiquei como jornalista brasileiro, as portas da casa se abriram e uma senhora foi indicada pela direção para me acompanhar através do casarão sombrio. Enquanto pegava crianças no colo ou sorria para uma e outra, a senhora me contava como, no último ano da Guerra Civil, descontentes com os rumos da luta que favoreciam a abolição dos escravos, puseram fogo ao asilo e mataram muitas crianças. No dia seguinte fui até a margem do East River ver os trabalhos de estiramento dos cabos da ponte de Brooklyn, que não terminariam antes da minha volta ao Brasil. Conversando com Oscar Lloyd no seu escritório, enquanto ele fumava um charuto das Antilhas, ouvi o relato de acontecimentos ocorridos havia quinze anos, quando da morte do presidente Lincoln. Lloyd descreveu o catafalco que construíram na Union Square, onde o morto foi velado por gente que veio de todos os Estados – inclusive do Sul, que o odiava. Acompanhado por multidões que choravam e se descabelavam, o féretro seguiu até a estrada de ferro do rio Hudson, e dali para Springfield, em Illinois. Lloyd contou mais coisas do seu tempo de moço, e inclusive falou numa torre – a Latting Tower, na Sexta Avenida com a rua 42 – de onde se descortinava uma vista soberba de Manhattan. Dias após a árdua subida de Lloyd até seus últimos degraus, a torre pegou fogo e os bombeiros não conseguiram impedir sua destruição. Rice ouvia essas histórias com uma ponta de inveja adolescente, por não ser ele quem as estava relatando a este estrangeiro que se maravilhava com tudo o que ouvia.

8

Frederick Douglass existe

1879/1880

Uma tarde em que eu descia a Quinta Avenida e olhava nas montras imensas as roupas masculinas e femininas dispostas sobre móveis de fino acabamento, tive o impulso de visitar a advogada Elizabeth S. Lyman, que me parecera sempre muito elegante, além de amistosa e atraente como mulher. Queria agradecer por ter resolvido o problema do hotel St. Denis e pedir informações sobre como encontrar algumas pessoas. No seu escritório, depois que um casal que ela estava atendendo saiu, Elizabeth me apresentou a uma outra advogada, Margaret Van Dyke, uma loura alta e muito desenvolta, propensa ao riso e à alegria como muitas americanas. Durante nossa conversa, que durou cerca de uma hora, a dra. Margaret nos falou de um amigo seu, certo Charles Harmon, da Califórnia, que acabara de perder o velho companheiro de uma vida inteira, Charley Parkhurst (não mais me esqueci do nome), um charreteiro que havia enriquecido no trabalho e que vinha sempre a Nova York. Quando Harmon foi vestir o amigo para enterrá-lo, descobriu que se tratava de uma mulher, eles que foram companheiros de boemia. O que fazia Parkhurst quando ia para o quarto com as prostitutas que freqüentava, ele que afinal era ela? Eu estava admirado com a história e espantado com o desembaraço da dra. Margaret ao me contar o fato, nós que tínhamos nos conhecido naquele momento.

"Parkhurst bebeu em todos os bares vagabundos de San Francisco e de Nova York, onde vinha sempre", dizia a dra. Margaret, muito séria. "E não voltava para casa sem ficar algum tempo com mulheres da vida, às vezes deixando o amigo Harmon na sala de espera, cochilando. Quando Parkhurst saía, a mulher parecia encantada com a sua companhia, não se queixando de nada. E Parkhurst não era muito generoso com dinheiro!"

Não sabendo o que dizer no momento, olhava para as duas advogadas.

"Você acredita", continuava Margaret Van Dyke, a voz firme, "que esse homem que era mulher votou quatro vezes em sua vida, num país onde as mulheres não tinham direito a voto. Parkhurst foi o primeiro voto feminino da história dos Estados Unidos."

As duas advogadas já tinham lido alguma coisa sobre o Brasil e, como todo estrangeiro, tinham uma grande curiosidade sobre a floresta amazônica. A meu respeito estavam também bastante curiosas. Sabiam que eu havia nascido na África e fora ainda muito jovem para o Brasil como escravo. A dra. Van Dyke quis saber como fui aprisionado. Contei das guerras entre culturas e tribos no Oeste africano, naquela época e em todas as épocas. Falei do meu ferimento na cabeça e de minha queda do cavalo, num combate, do modo como acordei amarrado num carro puxado por bois, ao lado de cinco ou seis outros homens presos. Viajamos rumo ao sul, as cordas ferindo nossos pulsos e comendo o alimento que era enfiado em nossas bocas por mãos pesadas, até que encontramos "negreiros" portugueses. Era a primeira vez que eu via de perto o homem branco. As pessoas no Futa Jalom costumavam dizer que os brancos cheiravam a galinha molhada, o que era verdade. E assim fui embarcado num navio com outros trezentos presos africanos, entre os quais havia algumas mulheres. Na Bahia, por muita sorte fui vendido para uma pessoa boa. Mas quem não era bom nessa época era eu...

As advogadas riam e queriam saber mais da minha vida. Logo que pude, mudei de assunto e pedi informações sobre a viagem que queria fazer a Nova Orleans e a Natchez. Por que o sul? Havia uma história de que meu avô viveu boa parte de sua vida na Louisiana, e eu queria ver esses lugares de perto porque tinha vontade de escrever alguma coisa sobre isso. Não, não pretendia fazer um livro, pensava escrever para o jornal onde trabalhava como revisor. A dra. Margaret me disse que tinha no seu escritório publicações e livros sobre o assunto, e assim combinamos que eu iria até lá no dia seguinte. Ao me despedir, achei Elizabeth Lyman um pouco constrangida, os olhos baixos.

No dia seguinte visitei a dra. Margaret Van Dyke no seu apartamento da Washington Square, onde ela havia instalado também seu escritório de advocacia. Falamos sobre a África e o Brasil, ela tomou burbom, e eu lhe ensinei algumas danças malês. Finalmente, ela se despiu diante dos meus olhos incrédulos e me envolveu com os seus braços. Saí da sua casa no dia seguinte, ainda sem entender por que aquela mulher bonita havia se inclinado por um negro da minha idade. As coisas que ela me disse sobre o desejo que tinha por homens de aparência rude, não as tomei como elogio nem como ofensa. Também eu me considerava um aprendiz nesses assuntos de vontade humana, apesar da idade de um mestre. Estava grato ao destino por ter me oferecido tantos momentos de prazer na vida, às vezes em circunstâncias tão inesperadas e até caprichosas. No dia seguinte, mandei entregar no seu apartamento umas rosas ainda em botão que vi num mercado de flores, com um cartão carinhoso e as minhas iniciais. Nunca mais a vi, assim como Elizabeth Lyman, que de acordo com Margaret tinha gostos semelhantes aos seus, mas era muito ciumenta.

Dan e Oscar Lloyd me procuraram no St. Denis na noite seguinte, com um convite para fazermos uma visita a um escritor escocês que estava de passagem por Nova York, a caminho de San Francisco, onde iria se casar com uma americana. Teria eu já ouvido falar no sr. Stevenson? Era amigo de Anabella Parker, uma rica protetora de escritores que reunia na sua casa do Bronx os intelectuais de língua inglesa que passassem ao seu alcance. Ela era famosa pela generosidade e em alguns casos havia financiado edições de livros para escritores menos conhecidos. O sr. Stevenson, porém, não estava com ela, mas sim hospedado num hotel modesto da rua 40, onde fizera questão de ficar apesar de estar passando por grandes dificuldades econômicas. O encontro era na casa de Annabella, a alguns quilômetros do meu hotel, além do East River. Oscar e Dan levavam consigo uma garrafa de burbom, que esvaziaram no percurso, enquanto falávamos aos gritos em meio ao balanço e aos trancos da sege. Ninguém se lembrava de qualquer obra do sr. Stevenson, nem mesmo a dona da casa, Anabella, uma mulher gorda e jovial, com seu cabelo dourado preso num coque que mais parecia um turbante. Deveria haver uns trinta convidados na velha casa do Bronx, numa região deserta e escura onde o vento cantava debaixo das portas.

O sr. Stevenson era uma pessoa bem impressionante. Alto, magro, longos cabelos caídos nos ombros, tinha grandes olheiras arroxeadas e um bigode mal aparado que caía nos cantos da boca. Mas era um homem muito gentil, falando um inglês britânico e pontuando suas frases com movimentos suaves das mãos de dedos muito longos. Contou que estava disposto a atravessar os Estados Unidos de trem, para conhecer as grandes planícies e as montanhas daquele imenso país. Fazia planos de escrever ensaios e romances aproveitando o cenário americano. Sua noiva, Fanny, o esperava em San Francisco, e o casal pretendia viajar logo para a Escócia, a fim de que o velho pai do sr. Stevenson conhecesse a moça. Ele me fez algumas perguntas sobre minha origem fula – ou fulbe, como dizem os de fala inglesa – e me perguntou o significado das escarificações que o tempo quase havia apagado no meu rosto. Quando lhe disse que era conhecido como Muçá, que quer dizer gato em hauçá, balançou a cabeça passando a mão no próprio rosto, como se procurasse nele mesmo algum relevo:

"Compreendo, compreendo..."

Todos ali bebiam sem moderação e comiam também com exagero, inclusive carne de porco, menos eu e o sr. Stevenson. Mas ele fumava uns charutos finos e de odor acentuado. Ao sair, ele me disse, na sua voz gutural: "Espero voltar a encontrá-lo, Mr. Muçá...".

Naquela ocasião li no *New York Evening Journal* que o senador pelo estado de Ohio, James A. Garfield, se dizia capaz de escrever em grego clássico com a mão esquerda, enquanto com a direita escrevia em latim clássico. O senador pretendia sair candidato à Presidência da República na convenção do seu partido político. Comentei com Dan Rice, que conhecia de perto os políticos de seu país porque ombreara com eles nas muitas campanhas eleitorais que havia feito, essa afirmação do senador e sua certeza antecipada de vitória na convenção partidária. Dan acendeu um charuto e deu uma risada.

"Uma cartomante me disse, há cerca de um ano, que se me candidatar de novo vou ganhar a eleição", falou, um pouco ofegante. "Mas disse em seguida que devo evitar esse pleito, porque se ganhar não chegarei a governar, por causa de um atentado que vai me matar ou me deixar aleijado."

Fiquei surpreso, porque imaginei que nada no mundo o impediria de concorrer de novo. Afinal, ser candidato muitas vezes era uma glória quase tão grande quanto ser presidente uma vez. Mas ele me disse que ainda tinha uma sombra de dúvida no coração, sobre aquela decisão que deveria tomar. A questão toda era que Rice tinha uma imensa confiança naquela cartomante, que preferiu não identificar. Quanto a Garfield, dizia ele, era um homem talentoso, mas muito vaidoso, e um concorrente perigoso que sabia fazer uma campanha. Lembro que conversávamos sobre isso caminhando pela Mulberry Street, entre as ruas Park e Bayard, onde havia estado antes e me fascinado com o italiano que ouvia nas calçadas e dentro das lojas. As escadas de incêndio na fachada dos prédios davam para as varandas de ferro batido, algumas magníficas nos seus ornamentos.

Naquele dia eu havia estreado uma boina de lã, no lugar do chapéu-coco habitual, e meu rosto escuro com aquele ornamento chamava a atenção dos passantes. Quando uma senhora bastante idosa parou e se voltou nos seus calcanhares para me observar melhor, Dan virou-se para ela com ar de reprovação, fazendo com que a senhora seguisse seu caminho muito rapidamente. Rimos daquilo, e percebi que meu amigo se envaidecia um pouco de andar na companhia de um negro obviamente estrangeiro, diferente dos que viviam ali, descendentes de escravos e pouco valorizados socialmente. Ele gostava de me surpreender com informações sobre o progresso técnico e material da América, como, por exemplo, a notícia de que havia sido feita havia poucos dias a primeira comunicação por telefone entre Nova York e Londres. Quis saber detalhes, mas Dan disse que se informaria e me daria pormenores depois.

Minha viagem a Filadélfia, Baltimore e Washington durou 15 dias, e nesses lugares procurei conversar com pessoas cujos nomes trouxera do Brasil, além de outros que naturalmente conheci por acaso. Vi monumentos, grandes avenidas, cúpulas magníficas, bibliotecas assombrosas e edifícios de impressionante solenidade. Os trens que vi de perto e nos quais viajei me fascinaram a ponto de sonhar com eles de vez em quando, nos anos que se seguiram à minha viagem. Em Washington procurei o dr. Alfred Adams, um dos primeiros negros a se formar em medicina depois da libertação dos escravos americanos. Seus pais tinham fugido da Geórgia durante a guerra e se estabelecido em Baltimore, onde o filho pôde estudar sem se sentir muito discriminado. Logo que nos conhecemos e falei em Horácio Mendes, com quem ele havia trocado correspondência, o dr. Adams me sugeriu que eu saísse do hotel onde estava hospedado, o Marquis, que pertencia a sulistas perseguidores de negros que certamente me haviam aceitado lá somente porque era estrangeiro. Acatei sua sugestão e no dia seguinte me mudei para o Duke of Orleans, aliás bem próximo ao consultório do médico.

Adams me levou para assistir a uma conferência de Harriet Beecher Stowe, autora do livro *Uncle Tom Cabin*, que contribuiu para aumentar o sentimento popular contra a escravidão. Quase não a ouvi porque, segundo soube, ela tivera um derrame cerebral fazia um ano e ainda não havia se recuperado completamente, falando com muito esforço. Ao fim da conferência, falei rapidamente com a sra. Stowe, que estava a caminho de

Nova York, onde se consultaria com um novo médico, aproveitando para se hospedar e conviver com um irmão que era editor da publicação *Christian Union*. Tomando meu braço, ela me perguntou de que região da África eu era, e quando lhe resumi minha história em poucas palavras, ela ficou observando meu rosto longamente, sem saber o que dizer.

No dia seguinte, na casa de Adams conheci Philip Brooks, natural de Boston e considerado naqueles dias um dos maiores oradores religiosos de seu país. O reverendo Brooks era episcopaliano e vivia em Cambridge. Uma bela figura bíblica, que fora então convidado para pregar na abadia de Westminster, em Londres, pela própria rainha Vitória. E o reverendo estava praticamente a caminho da Europa e da consagração, como orador religioso e intelectual. Ao me despedir e desejar-lhe felicidades ele me convidou para ouvir um sermão seu na Trinity Church de Nova York, quando voltasse da Inglaterra, dali a quatro meses. Prometi ir lá, enquanto nos abraçávamos. Passados alguns dias, que dediquei à visita de museus e galerias de pintura, fui com Adams ao Seminário Wayland para conhecer Booker T. Washington, um jovem professor dedicado à formação universitária e cultural dos negros, que estava fazendo algum sucesso nos Estados Unidos naqueles anos denominados reconstrução. Estava o seminário batista instalado num edifício de tijolos aparentes, e seu reitor era o reverendo King, que nos levou até Booker Washington, no primeiro andar.

Trouxera do Brasil uma carta de apresentação a ele, mas nem pensei em utilizá-la, tal a simpatia com que me recebeu. Era de fato muito jovem e tinha um belo rosto. Perguntou se eu falava o dialeto mandinca, e diante da negativa quis saber se eu preferia falar francês. Respondi em inglês que me expressava mal naquela língua, embora a entendesse bem, mas que poderíamos conversar em inglês. Reproduzo aqui um trecho da nossa conversa que anotei ao voltar ao hotel.

"Ganhei uma certa fama de bom orador durante a campanha para a mudança da capital de West Virginia", contou ele, enquanto se recostava na poltrona maior do seu escritório. "Por isso me convidaram a entrar na política, mas recusei porque achei que fora dela poderia ser bem mais útil à gente da minha raça. Os negros do meu país precisam, antes de mais nada, de uma base educacional para conquistarem lugares na sociedade. Acredito que poderia ter feito uma carreira política de sucesso, mas com isso estaria atendendo mais a minha vaidade pessoal do que a meu antigo sonho de mudar para melhor meu povo..."

"Mas somente pela educação se consegue mudar milhões de pessoas que por várias gerações foram obrigadas a servir, que foram tratadas como mercadoria e não como gente?", perguntei.

Washington pareceu exaltado: "E de que outro modo se conseguiria isso? Essa multidão será marcada pela pobreza, pela feiúra e pela tristeza da vida pobre por muitos séculos se não se começar essa mudança agora. Às vezes me parece que já é tarde... E não basta uma pessoa nessa luta, é preciso que centenas façam o mesmo".

"A educação tradicional, que só ensina no que pensar, será a mais aconselhável no caso?", voltei a interrogar.

"Essa gente precisa sair da miséria, da ignorância, da imobilidade, e para isso necessita primeiro falar uma outra língua, aspirar a coisas diferentes, portar-se com a dignidade de homens livres, sem a arrogância que mal disfarça a insegurança...", continuou ele.

"Tenho dúvidas a esse respeito", falei olhando no fundo dos seus olhos. "Ensinar matemática, mecânica, inglês ou qualquer profissão pode ser de grande utilidade para essas multidões que não têm alavancas para utilizar além das próprias mãos, alguém que precisa de instrumentos para ganhar a vida, mas..." Ele me encorajou a continuar: "Sim?".

"Quem vai ensinar a esses homens o modo como sonham e a razão por que sonham? Não de maneira retórica, pelo discurso erudito, nem pelo discurso comum, mas diretamente, pelo entendimento do seu problema, do problema de todos os homens, pretos e brancos", disse a ele.

Não sei por que, mas sabia que sua reação seria aquela. Levantou-se, deixou na mesa os papéis e um pequeno livro que trazia nas mãos e caminhou de volta à poltrona sem tirar os olhos de mim. Conversamos demoradamente, e ele me disse que aquilo de que eu lhe falava era também sua preocupação desde quando estudava no Hampton Institute, mas não havia ainda ordenado no seu espírito os principais pontos da questão. Washington me falou de uma conversa que ele tivera com "sua excelência, o deputado" Frederick Douglass, sobre as imagens de si mesmo que existem no coração dos homens, sobretudo em homens diferenciados por características físicas, pela pobreza, por alguma acusação, mais fáceis de se submeterem às idéias feitas – não era dessa matéria que se fazia a discriminação contra o negro, o estrangeiro, o homem de baixa estatura ou aquele contra quem pesou uma vez alguma acusação, falsa ou verdadeira, não importava? Mas Douglass contava que uma vez fora forçado a viajar no carro bagageiro de um trem, por causa de sua cor, e quando alguns passageiros brancos foram consolá-lo por aquela humilhação ele se exaltou, dizendo que ninguém no mundo poderia humilhar a alma que havia dentro dele. Era essa a grande questão, segundo Washington, mas era impossível passar sobre questões menores que se ligavam à aceitação do negro pelo branco na nova sociedade liberta da escravidão – e seu trabalho de educação, de formação, começava aí.

Nunca a situação tinha me parecido tão clara quanto naqueles dias que se seguiram ao meu encontro com Booker Washington. Nem mesmo no Brasil, nas longas conversas com Horácio Mendes e com os homens da "irmandade" do Valongo, se impusera a meu espírito a aceitação entre diferentes, negros e brancos, ancorados às marcas físicas da raça para justificar seu distanciamento e, por outro lado, o conhecimento do próprio "fundo" – questão humana, não apenas negra – que afinal todas as religiões tradicionais convidavam a conhecer e a ultrapassar. Andando à noite pelas ruas de Washington D.C., onde soprava o vento frio e teimoso comum àquela época do ano, me via envolvido em novas descobertas que nunca havia imaginado possíveis, e tinha grande dificuldade de ordenar em palavras. A todo momento escapava ao foco da minha própria atenção o tema daquelas preocupações, se podia chamá-las assim. Eu parecia um estranho a mim mesmo, vagando por lugares estranhos e meditando sobre coisas até a véspera desconhecidas, o medo de estar enlouquecendo passava rápido por meu espírito e logo me fazia sorrir porque me lembrava o de pessoas que eu havia conhecido na Santa Casa, pacientes, ajudantes e até médicos, que mantinham esse medo aceso no espírito durante dias e meses. Horácio disse uma vez a um paciente: "É o medo de enlouquecer que te conserva lúcido. Agarra-te a ele como puder", e todo mundo em torno riu muito do improviso. Na despedida, Booker Washington me contou que começaria a dar aulas noturnas no Instituto Hampton, nos próximos dias, e que no fim do próximo ano talvez aceitasse um convite para trabalhar com grupos índios no território de Dakota. Na década que se seguiu nos correspondemos com assiduidade variada, e eu guardei com especial zelo todas as cartas que ele me mandou.

Encontrei Frederick Douglass no Old Sugar House da capital, tomada como modelo da velha prisão de Nova York, depois edifício da municipalidade. Era também uma velha casa de seis andares como a que os ingleses haviam construído em Manhattan para que comandassem dali a colônia. Em Washington o lugar era uma espécie de clube de "homens de qualidade" negros, que no final da tarde se encontravam para trocar idéias. Havíamos marcado o encontro por telégrafo, havia duas semanas, e o reconheci logo que cheguei. Cabeça e barba brancas, bigode ainda escuro, trajava uma casaca cinzenta impecável e lia um jornal dobrado com os óculos pendurados na ponta do nariz, à maneira de Benjamin Franklin. Era mais claro de pele do que eu pensava, e seu nariz era talvez o de seu pai branco. Enquanto me aproximava, pisando no tapete macio da sala, pensava no amor que esse homem tinha àquela cidade que sempre o acolhera bem. "O Distrito de Colúmbia, o mais luminoso ponto do território americano. Uma cidade recentemente transformada e tornada bonita no seu corpo e no seu espírito." Ele se levantou e me abraçou, sorrindo. Disse que viajaria no dia seguinte para uma cidade do estado de Nova York chamada Elmira, onde seria comemorada a abolição dos escravos das Índias Ocidentais. Perguntou sobre minhas origens, e quinze minutos depois já sabia tudo que precisava saber a meu respeito. Sua última dúvida fora esclarecida.

"No seu país você chefia um grupo que luta pela abolição, creio...", falou.

"Não, sou jornalista, mas raramente escrevo sobre esse assunto...", respondi logo. Douglass balançou a cabeça: "Ah, está bem". Não estranhou minha resposta, supondo que eu teria motivos para agir assim. Em pouco, estávamos inteiramente à vontade um com o outro. Esse homem, que fora admirado por Abraham Lincoln, por Grant, pelo atual presidente Hayes e pelo provável futuro presidente Garfield, era a simplicidade em pessoa.

Falamos por quase duas horas, depois que o cumprimentei pelo discurso feito fazia poucos meses em memória de Lincoln, ali perto. O presidente morto fora pai adotivo dos negros, "pai por força das circunstâncias e da necessidade", dissera Douglass. Lincoln havia partilhado uma vez os preconceitos comuns dos cidadãos da América em relação aos antigos escravos. Mas sua missão era a de salvar seu país do desmembramento e da ruína, e depois salvá-lo do grande crime da escravidão. O então presidente tinha de contar com a simpatia e a cooperação dos seus leais cidadãos. E Douglass repetiu a frase culminante de sua fala: "Tivesse ele posto a liberdade dos escravos à frente da salvação da União, teria inevitavelmente enfrentado uma poderosa classe do povo americano e tornado a rebelião impossível". E repetiu sua conclusão: "Visto do genuíno plano da abolição, Mr. Lincoln parece lento, frio, vacilante ou indiferente. Mas medindo-o do ponto de vista do seu país, um sentimento que como estadista tinha de consultar, ele foi zeloso, radical e determinado". Tive de me conter para não aplaudi-lo ali mesmo no salão do clube. Seria falso pensar e agir como um político, explorando uma visão sentimental dos homens, da vida e do mundo, para tirar resultados "políticos" da situação. Era inegavelmente necessário lutar para conseguir fazer-se ouvir, pensava Douglass.

“Os judeus”, disse ele, sentando-se na beira da poltrona, “há apenas um século eram desprezados, odiados e oprimidos, mas eles desafiaram, enfrentaram e venceram as duras condições que lhes impunham, e são agora opulentos e poderosos, e merecem respeito em todas as nações.”

Douglass parecia feliz, embora um pouco cansado. Não toquei nos assuntos que havia discutido com Booker Washington. Tomamos café e comemos biscoitos, olhando um para o outro com satisfação. Antes de me despedir, lembrando que ele viajaria cedo no dia seguinte, ouvi dele uns versos de autor desconhecido que Douglass julgou oportuno declamar e que consegui decorar naquela mesma noite, para depois buscar neles algum significado:

When a deed is done for freedom,
Through the broad earth's aching breast
Runs a thrill of joy prophetic,
Trembling on from East to West.

De volta a Nova York, encontrei no hotel uma carta de Anabella Parker, a loura jovial do Bronx que ofereceu uma recepção para nos apresentar o sr. Stevenson, contando coisas extraordinárias sobre uma sra. Mollie Fancher, que eu não podia deixar de conhecer. Voltei ao Bronx no começo da noite, agora sozinho, e jantei com a sra. Parker. Combinamos ir, dois dias depois, à casa do Brooklyn onde Mollie já estaria nos esperando. Ela era conhecida como “o enigma do Brooklyn”, por seus poderes psíquicos e porque havia desenvolvido várias personalidades, que alguns observadores do seu caso tomavam como espíritos diferentes que se manifestavam no seu corpo. Compreendi que Anabella Parker era estudiosa da metempsicose e das “mesas falantes” que haviam surgido na Inglaterra e então se multiplicavam nos Estados Unidos. A casa de Mollie ficava bem distante do rio e, portanto, muito além da imensa ponte em construção, cujos pilares colossais vimos meio ocultos pelo nevoeiro do fim de tarde, durante a travessia do rio na ida e na volta, da janela do barco a vapor que nos conduziu.

Confinada em sua cama havia quase meio século, Mollie Fancher era uma mulher franzina de olhos fundos e de braços descarnados que ela agitava no ar enquanto falava com voz rouca. Anabella havia contado na viagem que Mollie sofrera uma queda de cavalo quando era jovem e havia perdido totalmente a memória. Durante os oito anos em que durou seu primeiro transe, escreveu cerca de seis mil cartas a pessoas diferentes, usando uma linguagem que a jovem Mollie jamais usara. Desenvolvera telepatia e clarividência, e com o tempo apresentou quatro personalidades que não apenas escreviam como falavam diferentemente. Pelo resto da vida foi, sucessiva e alternadamente, Idol, Rosebud, Pearl e Ruby. Um neurologista famoso, o dr. Robert Spier, estudava a "doença" de Mollie havia muitos anos, mas não tinha chegado a qualquer conclusão a respeito. Ela não mudou com tratamento algum, mas o dr. Spier ficou famoso e rico depois que os jornais o adotaram como especialista no caso.

Mollie Fancher nada sabia das suas outras personalidades, mas fazia profecias sobre cada pessoa em que tocava. Nós a encontramos no fundo de um leito imenso, coberta por vários lençóis no seu quarto abafado e quase escuro. Anabella perguntou se ela se lembrava de um encontro anterior, e Mollie respondeu com voz sumida que se lembrava até dos dois encontros que teriam no futuro, antes da morte de uma delas. "Da minha morte ou da sua morte?", perguntou Anabella, sorrindo. "Da sua. No mesmo dia do nosso quarto encontro..."

Anabella recuou um pouco, apagando o sorriso do rosto. Em seguida me apresentou como seu amigo do Brasil, um antigo escravo que agora era um homem importante em seu país. Mollie cravou em mim os olhos e tocou os dedos de minha mão.

"Um homem feliz", falou, mantendo o olhar. "Tem uma nova mulher e alguns anos de muita felicidade pela frente." Anabella imaginou que a médium tivesse se confundido e se aproximou do leito: "Somos apenas amigos, não somos casados. Ele está de passagem nos Estados Unidos e...". "Silêncio", fez

Mollie com um gesto rápido. "Ele tem uma mulher nova e está muito feliz com ela." Anabella se desculpou e sumiu na sombra do quarto. "E posso ver alguma coisa imensa, alguma coisa que pode até assustar quem não saiba de onde vem, nem o que seja, brilhando dentro dele. Isso é representado por uma mulher negra alta, com uma capa também negra e dentes de... prata, é isso?"

Puxei a cadeira mais para perto da cama e segurei a mão de Mollie, que pendia para fora dos lençóis. Lembrei-me na hora daquela aparição num beco do Rio, voltando de uma reunião no Valongo, tal e qual Mollie a descrevera. Mas ela, a vidente, estava inerte, calada e imóvel, como se estivesse morta. Outras pessoas se moviam dentro da casa, umas que viviam com Mollie, outras que a visitavam, como nós. Anabella e eu ficamos junto da janela, esperando que alguma coisa acontecesse, e finalmente aconteceu. A doente se sentou na cama e estendeu o braço na minha direção:

"Venha cá, venha cá, meu homem."

Fui até ela e me sentei novamente ao seu lado. Seu rosto agora parecia o de outra pessoa, a pele esticada e um sorriso de lado mostrando dentes escuros. Imaginei que ela estivesse representando uma daquelas suas personagens e esperei.

"Tenho uma coisa para lhe dizer, mas não deve haver ninguém por perto", falou em voz alta, quase estridente.

Uma mulher gorda que tomava conta dela me perguntou se eu queria ouvir. Respondi que sim e a mulher pediu a todos que saíssem por um instante. Quando ficamos sozinhos, ela se descobriu e mostrou seu corpo emagrecido e enrugado. "Sei o que agrada você. Deite aqui comigo porque meu corpo está querendo o seu", disse numa voz que não era a de Mollie. "Quem é você?", perguntei. "Eu sou Pearl, e sei tudo de que um homem gosta. Deite comigo aqui, venha, ninguém vai nos incomodar...", insistiu, puxando meu braço.

Fiquei imóvel, tentando não revelar no rosto a piedade que sentia por aquele pobre corpo desgastado pela doença. Afaguei a mão que tentava me agarrar, mas não me aproximei muito.

"Gosto de você, Pearl, mas hoje é impossível. Volto um outro dia para visitar somente você...", falei, ainda alisando o feixe de ossos que era sua mão.

De volta, após a viagem de barco, já na sege, Anabella me perguntou o que havia acontecido lá dentro e eu lhe respondi que Mollie parecia tomada pela febre, e às vezes delirava um pouco. Na minha opinião, nada havia de sobrenatural ali, nada que não fosse uma enfermidade dos nervos com grandes e antigas complicações. O resto da viagem de sege até o Bronx foi feita em completo silêncio por nós. Eu não era o homem interessante, imaginativo e voltado para os mistérios de além-túmulo que Anabella Parker havia pensado.

Três dias depois viajei no "Richmond", um vapor de três chaminés e quatro mastros, para Nova Orleans. Na saída do porto de Nova York cruzamos com o "Almirante Brown", que o governo americano havia vendido para a Argentina, segundo havia lido no *Southern Workman*, em Washington. Era um vaso de guerra imponente, com três poderosos canhões na popa e uma torre de comando muito alta. Aportamos em Baltimore, mas não quis descer à terra porque não sabia onde me informar sobre o horário de partida do navio, e eu temia perdê-lo por não entender detalhes importantes de avisos e horários, quando transmitidos por gente com sotaque estrangeiro ou de outras regiões dos Estados Unidos. Com o inglês dos antigos escravos americanos eu já estava familiarizado, mas um irlandês falando aquela língua, por exemplo, me deixava completamente perdido.

O "Richmond" jogou teimosamente na segunda metade do percurso, mas quando dobramos o sul da Flórida e entramos no golfo, o vento amainou e o resto da viagem foi tranqüilo. Viajei na segunda classe porque em Nova York não eram vendidas passagens de primeira classe para negros. Mas a viagem foi bastante confortável. Dividia meu camarote com três outros passageiros negros, todos homens de meia-idade e muito desconfiados daquele preto estrangeiro que partilhava a habitação com eles. Um desses homens e o mais velho, Jerome, fez boa amizade comigo nos últimos dias, depois de vencida a timidez de ambos os lados. Aconselhou-me a ficar no hotel Eureka em Nova Orleans, o melhor hotel daquela cidade, exclusivamente para ex-escravos e seus descendentes. Lembro-me de Jerome, encostado na balaustrada e com gestos lentos e sua fala arrastada, dizendo:

"O Sul é diferente de Nova York, é preciso cuidado", dizia, mastigando um palito. "Nigger tem de ser humilde, ou pelo menos fingir bem que é humilde. Se não for assim, quando menos espera é humilhado. Ou como eles dizem, 'põem a gente no devido lugar', sim senhor."

Fiz-lhe muitas perguntas sobre a proteção que as autoridades davam a pretos que tivessem seus direitos ignorados por brancos, mas Jerome só balançava a cabeça, sem ilusões: "O Sul ainda é o Sul de antes da guerra civil, nada mudou lá, somente as leis no papel. Nigger precisa se cuidar muito se quiser viver bem por lá...".

A partir do momento em que avistamos o porto de Nova Orleans, Jerome não conversou mais. Só olhava a entrada do rio, o lamaçal das margens, os mastros e chaminés das centenas de navios ancorados por ali, e no fundo o casario e a torre branca de uma igreja. Balançava a cabeça, não sorria mais; olhava a paisagem até o instante em que ele sumiu e apareceu logo depois na ponte de desembarque, agarrado à sua mala de tecido muito ensebada.

9

O passado em Natchez

1880

Descemos à terra em meio a uma grande desordem de pessoas, objetos, cheiros e sons. Levava a mala com tamanha dificuldade entre a multidão que custei a entender o que toda aquela gente fazia ali naquele instante. Somente depois ouvi dizer que o movimento do porto era sempre aquele, nos últimos tempos. Empurrando e sendo empurrado, ouvindo um inglês que mal entendia, entrei num grande edifício que me parecia a alfândega, em busca de informações sobre hotel e endereços que eu havia trazido. Um carregador de bagagens de cujos serviços não me utilizei, embora ele me seguisse por toda parte, me disse o nome de um hotel, afirmando que era barato sem ser mal freqüentado. Fora prevenido para o risco de assalto nos quartos de alguns hotéis, quando às vezes até matavam o viajante em busca de jóias e dinheiro. Passei por ruas entulhadas de lixo, de carroças de vendeiros, de crianças negras correndo, de um povo que caminhava apressado.

Gente morena, negra, bonita, vestindo roupas coloridas e levando cestos de vime com artigos de quitanda. Comprei um jornal, antes de chegar ao Eureka Hotel, numa rua estreita. Fazia um calor como não sentira nunca no Brasil, nem mesmo em Vila Rica, cidade abafada durante o dia. Tomei um banho de tina no pequeno quarto que me destinaram porque não havia água encanada no Eureka. Perambulei pelas ruas nas primeiras noites que passei na cidade, percorrendo o French Quarter, subindo e descendo a Bourbon e a Royal Streets. Parava, conversava com mulheres meio escondidas atrás de portas ou janelas, com garçons, bêbados, cocheiros, gerentes de bares, músicos que levavam instrumentos de sopro sob o braço, gente trajando casacas coloridas, de gravatas vermelhas e lenço da mesma cor no bolso do fraque, como eu nunca tinha visto na vida, homens empurrando carroças ou recostados nos postes. Falando o que me ocorria falar, ouvindo com atenção o que me era dado ouvir, aberto à compreensão do que ouvia sem qualquer preocupação de ser compreensivo, quando possível sem julgar, sem escolher, sem comparar, apenas ouvindo e finalmente escutando. Sempre desejara fazer isso, e chegara mesmo a fazê-lo em Paris, nas guerras de rua da Comuna, sabendo que era uma só humanidade que eu ouvia, a mesma de que era filho e era parte viva. Voltava para o hotel cansado mas feliz.

De dia visitava num pequeno barco de aluguel, as obras de remoção de areia e entulho que estavam sendo feitas no porto e em toda a foz do Mississippi, para que ali pudessem entrar navios de grande porte. O trabalho já durava dois anos e estava quase pronto. O material retirado do fundo fora levado rio acima para aterrar uma pequena baía junto a uma fazenda de algodão. Ou então eu visitava os edifícios imensos de Pontalba, que fervilhavam de gente, ou passeava ao longo do cais para olhar de perto os navios que estavam ali ancorados. Vi com espanto, no ponto onde começa a Canal Street, o casco baixo do primeiro vapor que navegou naquelas águas ao tempo em que eu era só um jovem escravo na Bahia, o "New Orleans", adernado e coberto de ferrugem porque a guerra entre Sul e Norte o imobilizara naquele lamaçal e ninguém mais quis gastar um único dólar com a sua carcaça. Olhava de longe e via a cidade, como em Salvador quando voltava de barco para casa. Essa era a "Paris da América", com seus cento e tantos mil habitantes, uma cidade alegre e feia ao mesmo tempo, que a febre amarela às vezes pilhava de jeito, como acontecera há poucos anos.

Nessa mesma noite, um velho negro que passava o tempo fumando atrás da mesa de recepção me contou que a peste estava de volta a Nova Orleans. Quis saber mais sobre isso e ele se compôs na cadeira, antes de falar. "Ela está em Natchez, agora, o mesmo caminho que ela seguiu para chegar aqui da vez passada", disse, em meio a uma baforada do charuto. Estremeci por dentro: era para lá que eu deveria ir, para celebrar aquele que diziam ter sido meu avô, que afirmavam ter vivido em Natchez antes da sua volta à África. Fui para o quarto ainda com fome. Tinha resolvido fazer jejum naquele dia, para me sentir melhor num lugar como aquele, em que parecia haver doença no ar, mas a fome retardava meu sono. Antes de adormecer pensei longamente no avô que não conheci, mas cujo destino segui. Minha mãe me falava sempre naquele moço guerreiro de Timbo, que havia estudado religião, filosofia e árabe em Tombuctu, como eu faria mais tarde. Desde pequeno ouvia dizer que me parecia com ele, no rosto e na natureza, o que, segundo minha mãe, era uma bênção de Deus, mas nunca soube o que ela quis dizer com natureza. E aquele rapaz heróico foi derrubado do cavalo por uma pedra partida de uma funda inimiga e levado sem sentidos para muito longe, onde o venderam a negreiros portugueses, que também o venderam em Santo Domingo a mercadores espanhóis, finalmente chegando a Nova York e a Louisiana nos porões medonhos de grandes barcos imundos.

Sonhei muito aquela noite. Mas o sonho de que melhor me lembrei ao levantar foi aquele em que um anjo vibrava sua espada sobre o mundo, e dela caía um pó dourado que me diziam ser as pragas que destroem os homens, que acabam com os brancos porque eles se arvoram em donos dos negros, e matam igualmente os negros porque pensam que a sua escravidão é somente aquela que os brancos impõem, quando é muito mais que isso, porque é a mesma dos brancos que não têm feitores nem quem os escravize.

Uma tarde entrei nas barracas levantadas no porto e procurei a pessoa que respondia por aqueles trabalhos feitos no fundo do rio. Finalmente me apontaram o engenheiro James Eads, e eu mesmo me apresentei a ele como representante de um jornal brasileiro, o que despertou logo sua curiosidade. Eads era um sujeito forte, de longos bigodes louros e de movimentos rápidos. Enquanto lhe falava, ia improvisando o que dizer, e logo de início me pareceu que ele havia entendido que eu estava nos Estados Unidos a serviço do Império do Brasil, daí o empenho que demonstrou em me receber. Mandou trazer cadeiras confortáveis e servir um chá, enquanto eu ia falando. Havia grandes portos no meu país que precisavam sofrer o mesmo processo que o de Nova Orleans estava passando naquele momento, e eu queria saber em que consistia seu sistema de desobstrução de portos e de leitos dos rios com atracadouros.

Voltei no dia seguinte e Mr. Eads me levou pessoalmente às plataformas que injetavam ar para os "sinos" que mandara instalar no fundo, a fim de remover parte do chão de pedra lá de baixo. Mostrou desenhos e cálculos que em absoluto não entendi, mas sobre os quais não deixei de fazer perguntas. Ele quis saber se eu havia visitado as obras da ponte de Broooklyn, em Nova York, o que confirmei. A partir daí fez comparações com a ponte durante todo o tempo em que conversamos, de tal modo que já não conseguia manter por muito tempo minha atenção presa ao assunto que ele falava com tanto entusiasmo. A mim ocorreu mais de uma vez nesse tempo que essa energia fosse talvez a que nos faltava no Brasil, essa abnegação que afasta as distrações e as fantasias para cuidar de uma só coisa com atenção, até resolvê-la ou terminá-la completamente. Além de tudo o que aprendi sobre o porto, obtive de Mr. Eads todas as informações de que precisava para subir o rio até Natchez, inclusive as relativas à epidemia de febre amarela que grassava por lá. Quando me despedi dele prometendo escrever-lhe de Nova York, onde faria contato por telégrafo com o Brasil, o engenheiro me deixou a impressão de que nunca mais se esqueceria de meu país e da África, sobre os quais lhe falei ligeiramente.

A viagem pelo rio me surpreendeu pela beleza que testemunhei e pela paz que me foi transmitida, embora tenham me desagrado os terríveis odores que senti. Por toda parte deparamos com animais mortos levados pela correnteza, e horas antes de chegar a Natchez vimos também cadáveres humanos. Primeiro foi o de um negro, emborcado na água escura do rio, o que fez juntar muita gente naquele lado do tombadilho. Um homem idoso que fumava um cachimbo tão mal cheiroso quanto a água do Mississippi naquela região falou na febre amarela, que deveria ser responsável também pela morte de animais, além da de homens. Quando outros corpos apareceram boiando, ele se tornou o centro das atenções a bordo. Apertando nos dentes seu cachimbo preto, era um especialista em más notícias e informações lúgubres.

"No auge da epidemia, há cinco anos, o rio ficou coalhado de corpos porque os sobreviventes em Natchez mal tinham tempo de enterrar os que morriam", falou com sua voz cavernosa, enquanto homens e mulheres se apertavam em torno dele para não perder nada do que dizia. Fiquei por perto, mais intrigado com ele do que com a febre amarela, notando o ritmo que dava às suas frases e o espaço que parecia ter alguma regularidade entre elas. O homem era branco e bastante idoso, usando um boné enterrado na cabeça, apesar do calor e da ausência de sol no tombadilho. A certa altura vimos um "enterro" descendo o rio velozmente, em oposição à marcha do barco. Era uma espécie de jangada onde havia um corpo de mulher, adornado com flores e cercado de velas, algumas ainda acesas apesar da brisa que soprava.

"Tenho medo do que vamos encontrar em Natchez...", murmurou lentamente, olhando cada um dos rostos em volta, menos o meu, que estava recuado. Não conseguia me lembrar do nome da personagem lendária dos gregos, a qual dava as más notícias e se comprazia nessa tarefa. Boa parte dos passageiros não se afastava mais do tombadilho, descobrindo contornos dentro d'água, antevendo horrores e buscando confirmação junto ao homem do cachimbo. Quando escureceu, todos voltaram para suas cabines e ao refeitório, um pouco decepcionados porque tudo aquilo havia acabado por algumas horas. Na passagem por Baton Rouge o barco apitou três vezes e um apito respondeu de terra, em meio a luzes tremeluzentes.

De manhã cedo, os que já se encontravam no tombadilho esperando pelo pior foram surpreendidos pela graça e leveza da vida campestre, com grandes campinas verdes e árvores isoladas, gado pastando e distantes casas brancas com grandes varandas na frente. Finalmente, surgiu a cidade, com fumaça nas chaminés e a mesma agitação, mas em escala menor, que eu vira no porto de Nova Orleans. O homem do cachimbo desceu com ar contrariado, também soltando fumaça como as chaminés, e sumiu na confusão do cais. O hotel que Eads me havia recomendado aceitava negros, de modo que fui para lá confiante. Depois de um longo exame dos meus documentos, o pessoal da recepção me aprovou, e um menino levou minha bagagem ao quarto que me foi destinado, com vista para um grande muro manchado pela chuva. Saí imediatamente para aproveitar meu tempo na cidade, com a lembrança de meu avô presente no meu espírito. Tinha poucas informações sobre a cidade e pouco tempo para permanecer lá porque meu navio de volta a Nova York saía dali seis dias. Até a Guerra entre os Estados, como eles chamavam a guerra entre o Norte e o Sul que durou cerca de quatro anos, Natchez não tinha outra ligação com o mundo que não fosse o Mississippi. A cidade próxima, Vicksburg, era o porto fluvial mais importante até a metade da guerra. Ali, um grupo de homens idosos havia lutado contra um navio armado da União e levado vantagem, embora seus chefes tivessem morrido. Eram chamados os Silver Greys, e a gente de Natchez tinha muito orgulho deles. Mas quando isso aconteceu meu avô já tinha voltado para a África havia muito tempo, tendo morrido pouco depois do seu desembarque lá.

Sabia da existência de um homem que, embora fazendeiro rico arruinado pela guerra, havia conservado seus interesses de homem refinado e estudava com amor o passado de sua comunidade. Em Nova York, Lloyd havia descoberto seu nome num livro da história recente dos Estados Unidos, e agora só era preciso encontrá-lo. Entrei em armazéns, falei com homens na calçada, perguntei num templo batista e falei com dois charreteiros numa grande praça perto do rio, e ninguém soube me dizer nada sobre Peter Little. Finalmente um pescador sentado num ancoradouro de madeira rústica ouviu-me com atenção e piscou.

"Conheço um homem com esse nome lá para os lados de Bedford, fora da cidade, numa plantação perto do rio, bem antes de Melrose", disse ele, continuando a piscar. "E olhe", prosseguiu, com um sorriso querendo aparecer no canto da boca, "de pequeno ele só tem o nome", e se sacudiu numa risada silenciosa.

Tomei uma sege para Melrose e desde a primeira visão me maravilhei com a casa antiga e decadente onde morava Little. Numa pequena construção ao fundo do jardim atrás da mansão encontrei o homem, um sujeito muito gordo e lento, com uma barba cobrindo-lhe quase totalmente a boca. Contei aquela minha história que afastava desconfianças e abria as portas para um negro de meia-idade e de rosto marcado. Eram pequeninas mentiras fáceis de perdoar, uma vez que os homens em geral baseavam seus medos e suas desconfianças só em aparências, e a minha causa era justa, assim como meus fins eram inofensivos para eles. Sim, estava fazendo um estudo para o Império do Brasil e havia chegado ali em busca de escravos que tinham laços africanos com ramificações em meu país. Como sempre, as portas se abriram imediatamente, seja porque Peter Little era pessoa prestativa e atenciosa por natureza, seja porque os homens têm um apreço pelo poder e por sua pompa, o qual eles próprios não avaliam bem.

Almocei com Little naquele celeiro improvisado em casa e em seguida visitamos a mansão de sua família, mobiliada com o que havia sobrado das invasões de soldados da União, quinze anos antes. Sem dinheiro para restaurar a casa, ele cobrava alguma coisa a visitantes que chegavam de cidades vizinhas para ver sinais do Sul *ante bellum*, como todos ali chamavam a vida antes da guerra civil. Depois de Melrose fomos à mansão de William Martin e a Stanton Hall, e a caminho falamos sobre meu avô. Segundo Little, ele era mais famoso que personagem de lenda, naquela região de contadores de histórias. Conhecido como 'Príncipe', meu avô Ibrahima Abdul Rahman fora descoberto por ter uma vez, em Nova Orleans, saudado na rua visitantes árabes de passagem pela cidade, em sua língua. Little chicoteava os cavalos e falava:

"Então você é neto do 'Príncipe'. Se eu contar isso aos amigos que jogam cartas comigo aos sábados, vão me chamar de mentiroso. Até quando vai ficar aqui?" Deveria voltar a Nova Orleans em dois dias, para embarcar com destino a Nova York. Little encolheu os ombros:

"Que pena, mas vou apresentar você, se me permite. E deixe seu endereço no seu país para que lhe possa escrever." Fez um instante de silêncio e retornou: "Tenho algumas anotações sobre o 'Príncipe', mas não sei exatamente onde estão agora. Aqui em Stanton Hall vamos falar com Bill, o homem mais velho da região, e ele conheceu seu avô em pessoa..."

Little me disse que a casa imensa que eu via se aproximar, ao fundo de uma alameda de carvalhos extraordinariamente bela, fora avaliada havia pouco em 500 mil dólares, o que era uma fortuna. As quatro colunas de um estilo que eles chamam de colonial americano eram muito altas e abrangiam duas imensas varandas. Bill veio ao nosso encontro, olhando com muita desconfiança para mim. Little contou rapidamente a história, enquando descíamos. Sentamos nas cadeiras pesadas da varanda, que pareciam nos convidar para um descanso depois dos horríveis balanços da viagem. Bill nos mandou sentar, mas ficou de pé, lançando olhares na minha direção enquanto falava com Little no seu pesado sotaque do Sul, quase incompreensível para mim. Havia conhecido o 'Príncipe', e eu tinha de fato o tipo dele. Meu avô trabalhara numa fazenda próxima, Twin Oaks, a meia hora a cavalo dali. Quando lhe deram sua liberdade, quis voltar logo para a África, e o governo dos Estados Unidos deu-lhe a passagem de volta. Bill disse mais alguma coisa que não entendi, mas que adivinhei como não tendo sido muito simpática comigo, pelo constrangimento de Little. Insisti em saber o que havia dito, e os dois ficaram imediatamente tensos. Peter me explicou que Bill tinha lá suas opiniões sobre pretos e brancos, e fez menção de sair.

"Diga a ele que eu também tenho minhas opiniões sobre brancos e pretos", falei, sentado na minha cadeira. Little sorriu e ficou sério em seguida. "Vamos indo?", perguntou, fazendo um gesto.

"Muita gente aqui costuma dizer que o governo devia ter mandado todos os negros para a África, quando eles foram libertados", provocou o outro. Insisti, ainda sentado:

"Depois que algumas gerações de negros ajudaram a construir esse país e não receberam por isso senão chicotadas e depois perseguição?" Os olhos de Bill fuzilavam: "O *nigger* está se esquecendo de que está em casa alheia", falou, olhando em volta como para se conter. Fiquei em pé e o encarei de perto.

"Para algumas pessoas, é preciso dizer bem claramente o que se pensa, não importa o lugar onde se esteja, e ainda que seja a sua casa", teimei, encarando o velho e tentando fazer um sotaque sulista. Depois me virei para Little e fiz menção de sair. Bill ficou na varanda, o rosto muito vermelho, murmurando coisas e tomado pela raiva.

Fiz questão de ir a Twin Oaks imediatamente. Little chicoteou sem piedade o cavalo, e fomos até lá sem falar. Logo ao atravessar o portal da casa me maravilhei com o mármore de Carrara da sala de entrada que já havia vislumbrado da varanda porque as portas estavam abertas. O dono, Frank Ropper, veio quase correndo lá de dentro e abraçou Little, que em seguida explicou minha visita acrescentando informações que eu não lhe havia dado.

"O senhor Adriano trabalha para o imperador do Brasil...", foi dizendo, enquanto me empurrava gentilmente para a sala de jantar ricamente mobiliada.

Sobre a mesa havia uma *punka,* um abanador gigantesco feito de mogno indiano, para refrescar a sala na hora das refeições. Ropper ficou puxando a corda enquanto falávamos, e uma brisa suave passou por nós. Nos quartos as camas tinhas dosséis imensos, de carvalho. Falamos rapidamente sobre a vida no Sul antes da "Guerra entre os Estados", e Ropper me disse que de fato o 'Príncipe' havia trabalhado na fazenda de seu avô por mais de dez anos, desde que fora vendido pelo dono de uma fazenda de algodão perto de Vicksburg. O nome era Abraham não era isso? No meio do povo dele era Ibrahima como eu, expliquei. Seu senhor foi Thomas Foster, que comprou o 'Príncipe' no mercado de Nova Orleans, em 1807. Ropper tinha lido a carta de um certo John Cox que contava de que modo o 'Príncipe' havia salvo sua vida na África, vinte anos antes, e esse mesmo Cox fora ao presidente John Quincy Adams, em Washington, para dar testemunho de que Abraham era de família real africana.

"Era de raça fulani, era um fula...", repetia Ropper, querendo catar na memória mais dados dos fulas e dos seus feitos. Confirmei com a cabeça.

Estava agora perdido nas minhas lembranças, nas histórias que ouvi contar na infância e que repeti na memória no exílio forçado da Bahia. Pensava que as imagens de Timbo iam perdendo aos poucos sua nitidez e se perdiam para sempre no meu espírito. Ropper foi conosco até a estrada e ajeitou o rabicho do cavalo que nos havia levado até lá. Voltamos pelo mesmo caminho, e Peter Little chicoteou de novo seu animal com violência, como se tivesse raiva dele. Ele me deixou perto do hotel e prometi que o procuraria no dia seguinte com um caderno para anotar alguns dados que somente Little poderia me dar. Fui para o hotel e mandei buscar baldes d'água para tomar banho numa bacia que havia no quarto. Quando começava a me despir para deitar, alguém bateu na porta de leve. Abri uma fresta e a porta foi empurrada com violência, enquanto dois homens, depois quatro, entraram pelo quarto fazendo barulho com os pés. Um deles tinha um capuz branco na cabeça e do seu rosto só se podiam ver os olhos azuis.

"Venha conosco, negro, nós vamos ensinar uma coisa a você", falou o embuçado, enquanto os outros amarravam minhas mãos nas costas. Descemos a escada todos abraçados, como um bando de estudantes bêbados. Fui jogado no fundo de uma carroça, e um deles, meio ruivo e de revólver apontado para minha cabeça, ficou comigo enquanto os outros foram para a boléia. As pedras irregulares do calçamento e depois uma estrada esburacada faziam a carroça andar aos saltos, na velocidade em que ia. Imaginei que queriam apenas me assustar para que eu saísse fugido da cidade, mas logo temi que pudessem concluir que um sujeito teimoso como eu, era mais seguro me matar de uma vez. Situação semelhante eu já tinha vivido no passado e conseguira evitar o pior. Mantinha minha cabeça baixa para que meu companheiro de viagem não lesse no meu rosto esses pensamentos, mas o mais certo é que ele estivesse esperando que eu começasse a chorar e a pedir pela minha vida. Enquanto isso, tentava desatar o laço que me apertava os pulsos.

Meu Deus, apesar da minha idade ainda me sentia vigoroso e sereno numa situação como aquela. Não devia isso a mim mesmo, não tinha de que me orgulhar, mas por isso eu sabia que estava no caminho certo. E me perguntava se queria mesmo sair dali naquela hora, ou se estava muito curioso para ver que planos teriam para mim. Não forcei mais o nó, que havia folgado um pouco, e permaneci muito quieto até que a carroça parou junto a um grande barracão de madeira, no meio do mato. Fui levado para um quarto grande onde havia uma cruz na parede e velas acesas pelo chão. O homem de capuz fez um discurso, depois de me obrigar a ficar de joelhos. Segundo ele, gente como eu deveria deixar a América para sempre, ou desaparecer da face da terra. Que se eu fosse um negro do Mississippi eles acabariam comigo, mas como eu era estrangeiro deveria deixar a cidade imediatamente. Mas antes precisava aprender uma lição.

Enquanto eu o ouvia, meus olhos percorriam o quarto e já me tinha dado conta de que eles eram os mesmos que me haviam trazido da cidade há pouco. Estávamos somente os cinco naquele ermo, e isso me alegrava bastante. De olhos baixos, aparentando medo, continuei a folgar os nós dos meus pulsos com infinita paciência. E tinha consciência de mim mesmo naquele momento de emoção inevitável. Era isso o que eu tinha sido toda a vida, um homem que só se sentia real na ação e que fazia melhor suas escolhas quando estava em perigo. E desta vez estava tranqüilo, sem exaltação interior, como antigamente. Desatava os nós e escutava com atenção o encapuçado, compreendendo a força e a disciplina do seu ódio. Pensei no navio "Pinola", que sairia comigo ou sem mim dentro de dois dias, mas que sairia fatalmente para Nova Orleans, onde passaria a um outro maior, o "Tyler", para voltar ao norte. E porque gostaria de estar no tombadilho do pequeno barco, vendo as margens bonitas do Mississippi e mais tarde o mar sem fim diante dos meus olhos, libertei lentamente um último nó. O encapuçado parou de falar e recuou um passo, quando me levantei. Ninguém no quarto tinha armas apontadas para mim, mas um dos homens havia trazido para o meu lado o que me parecia uma palmatória. Tomei muito rápido de sua mão a peça de madeira pesada e a parti em dois na sua cabeça, que ao final da briga vi que sangrava muito. Plantei o pé no alto da barriga do encapuçado com força talvez exagerada, porque ele ficou no chão puxando ar com dificuldade. Os outros dois derrubei com as mãos em forma de cutelo, mas precisei pisar no pescoço do segundo para fazer com que dormisse, porque me pareceu o mais relutante em sair de combate.

Recolhi as armas, verifiquei se estavam todos vivos e subi na carroça sem me apressar. Fui ao hotel, paguei minha hospedagem e andei por meia hora entre o casario próximo de um cemitério, bem longe do porto onde me procurariam em breve, e encontrei uma hospedaria onde paguei uma noite adiantada por um quarto sujo. Saí duas vezes para comer frutas que eu mesmo colhi em pomares alheios, e no meio da noite andei de volta para o cais onde já vira de longe o "Pinola" atracado. Bem cedo, acordei o comandante e lhe disse que para me proteger da febre amarela que grassava na cidade ficaria no meu camarote até o instante da partida. Tranquei a cabine por dentro e adormeci logo que me recostei na cama. Quando acordei, o navio já estava a caminho da foz, rio abaixo.

Em Nova Orleans, havia uma espera de dez horas para que então pudéssemos subir a bordo do "Tyler". Andei pelo cais com a mala na mão, pois não queria voltar ao Eureka Hotel, a fim de evitar um encontro desagradável que eu imaginava possível, e afinal entrei num armazém vazio onde poderia descansar protegido pela carga que se amontoava nas grandes salas. Adormeci naquele canto e despertei horas depois, com alguma fome. Como não achasse seguro entrar numa das hospedarias da região para comprar comida, pensei em pegar furtivamente alguma coisa num dos barcos atracados ao longo do cais. Andei devagar e muito atento, até que vi, num dos barcos amarrados ao cais por longas cordas, um grande volume coberto por um tecido branco, que me despertou a curiosidade. Puxei a corda e saltei silenciosamente para dentro da embarcação, deixando minha mala no atracadouro. Sob os panos havia uma mulher muito branca, com ferimentos no rosto e no pescoço. Seu vestido cortado em tiras estava ensopado de sangue na altura do ventre. Ouvi um ruído vindo do fundo da cabine e me escondi num canto. Um homem branco apareceu na escada e deu uma olhada no cais deserto. Então, num movimento rápido, libertou a corda que nos prendia à terra e desceu de novo a pequena escada para baixo. Eu o segui silenciosamente, e vi que ele trouxera consigo uma valise. Ao subir outra vez para içar a vela, passou rente a mim, mas não me viu. Pensei na mala que ia ficando distante, em terra, e me ocorreu que ainda faltavam três horas para embarcar no "Tyler" com ela. Medi a compleição do desconhecido e concluí que podia perfeitamente com ele.

Quando a pequena vela enfunou e o barco se distanciou do ancoradouro, esperei que o homem ficasse numa boa posição e dei-lhe um soco na nuca para tonteá-lo. De joelhos na coberta do barco, ele se voltou de olhos esbugalhados para mim, sem saber o que dizer. Fiz-lhe algumas perguntas, enquanto ele olhava ao redor pensando, naturalmente, na arma que deixara em algum lugar do barco. Dei-lhe outro soco, agora no peito, dizendo que o mataria como ele havia feito àquela mulher, se tentasse reagir. Tinha alguma coisa para comer ali? Apontou um pequeno armário, que abri imediatamente. Pão velho, broas de milho, castanhas num cesto, fui comendo o que ia encontrando. Chamava-se Steve e aquela era sua mulher. Pediu-me que lhe permitisse beber o burbom que havia no armário, e eu lhe entreguei a garrafa. Tomei o leme do barco e fiz com que desse uma curva bem larga. Em pouco tempo Steve havia esvaziado a garrafa e estava chorando com a cabeça na mesa. Por que ela havia morrido?, perguntava a ele. Balançava a cabeça e chorava, enrolando as palavras. Subi à coberta e a primeira coisa que vi foi o dique das obras de remoção de terra do fundo do rio, na entrada do porto.

Virei a proa do barco naquela direção e voltei para baixo. Steve havia vomitado a bebida no beliche e agora dormia encostado na mesa. Trouxe o corpo da mulher para baixo e o coloquei sobre a mesa, coberto pelos panos com que Steve o escondera. Baixei a vela e deixei que a embarcação seguisse rumo ao pequeno cais diante do edifício de madeira onde havia conhecido James B. Eads, o engenheiro que respondia pelas obras da entrada do porto. Amarrei o barco, bati à porta e pedi para falar com Eads. O engenheiro me recebeu surpreso e eu fui logo contando a história. Não podia perder o navio que sairia para Nova York, pois tinha ordens do Imperador de voltar imediatamente, deixando o barco ali mesmo, com uma mulher morta e o seu assassino. Que ele que dissesse às autoridades que o barco chegara até lá por acaso, uma vez que estava à deriva. Eads se perfilou quando me ouviu falar no imperador do Brasil.

"Que vida você leva!", ele murmurou com admiração, imitando com a mão uma continência. Disse-lhe que escreveria em breve e apertei sua mão, saindo para a rua e reconhecendo num ponto quase perdido na distância a minha mala. Corri para ela dizendo a mim mesmo que devia estar em cima da hora do embarque no "Tyler".

A viagem para Nova York foi penosa, tendo o navio jogado até a véspera da chegada em Baltimore. Nessa escala embarcou, entre outros passageiros, um certo Peter Doyle, de quem vim a ficar muito amigo. Era um homem já idoso, bem-humorado e extraordinariamente inteligente, que tinha uma antiga e boa amizade com o poeta Walter Whitman. Mas Doyle tinha acabado de ler um livro que o impressionara tanto, que não conseguia falar em outra coisa. Ele fez questão de me emprestar o livro no mesmo dia em que nos conhecemos. Seu título era *Self-Reliance*, e o autor, Ralph Waldo Emerson, um volume encadernado em couro cor de vinho, trabalhado a fogo. O que me fez ficar interessado no autor logo à primeira vista foi uma frase atribuída a ele por Doyle. Nos dias que se seguiram ao começo da Guerra entre os Estados, quando alguém se queixou a Emerson do cheiro de pólvora no ar, ele respondeu: "O cheiro da pólvora em alguns casos até que é bem agradável". Quis saber se ainda vivia o filósofo. Claro, era grande amigo do poeta Whitman, com quem se encontrava freqüentemente, ou pelo menos até que Emerson adoeceu. Doyle explicava que seu velho companheiro morava em Camden, Nova Jersey, ao passo que o filósofo suportava a sua velhice na Nova Inglaterra, em Concord, onde havia fundado uma escola. A partir de Baltimore a viagem não pareceu durar mais que alguns minutos, graças a Peter Doyle, ao seu espírito e à sua memória. Mas eu próprio tinha planos para aquela última etapa da minha viagem aos Estados Unidos, e estava me sentindo muito bem no meu reencontro com Nova York.

10

Dois encontros com Emerson

1880

No hotel em Nova York, li com prazer e uma ponta de ansiedade as três cartas que encontrei à minha espera. A de meu neto Ibraim me passava uma notícia preocupante: Horácio Mendes estava muito doente, não tendo ido à Santa Casa nos últimos meses. Quando da minha volta ao Brasil talvez não mais encontrasse vivo meu amigo. No mais, a vida corria tranqüila na casa das Laranjeiras. Adelaide às vezes mandava para lá um doce de compota ou um pé-de-moleque, com um bilhete delicado em que pedia notícias minhas. A outra carta era da própria Adelaide, contando que havia concluído, devido ao meu trabalho de persuasão em Pati-do-Alferes, a venda do terreno na serra. O resto eram saudades e a espera por meu regresso que, ela acreditava, seria em breve, embora eu não tivesse falado nisso na minha última carta. A terceira carta era de Idrissa Freire, o velho guerreiro do Futa Jalom que havia reaparecido nas reuniões do Valongo, depois de viver um tempo no Sul do Brasil. Ele me perguntava sobre meus encontros com Douglass e Booker Washington na capital americana, pedindo que não esperasse para contar pessoalmente, mas que escrevesse logo.

Passamos um dia inteiro conversando e andando, eu e Doyle, quando lhe falei da viagem que fizera a pé da Bahia até o Rio de

Janeiro, com tantas paradas pelo caminho, que levei onze anos para chegar. Falei ainda nos problemas que havia enfrentado em Natchez, e como me saíra pela graça de Deus. Doyle me historiou sua vida muito simples, mas de interesses os mais estranhos para um cocheiro de profissão, como a poesia e algumas questões filosóficas. Aí falou no seu grande assunto, a amizade com o poeta Walt Whitman, que agora morava em Nova Jersey. E na segunda metade do dia que passamos andando até o extremo sul da ilha de Manhattan, e depois subindo até o Central Park, ele declamou infindáveis poemas de Whitman, alguns verdadeiramente fascinantes, mas que dada a repetição acabaram por me cansar um pouco.

When I heard the learn'd astronomer,
When the proofs, the figures, were ranged in columns before me.

Sentamos no Battery Park olhando os grandes veleiros e vapores fundeados ao longe, seguindo as gaivotas nos seus vôos baixos e ouvindo seus gritos, enquanto comíamos uma papa de milho comprada numa venda ali perto. Fazia algum frio e acho que me faltava uma roupa mais grossa, mas a visão da cidade era soberba, e dali a vista do mar atrás de nós não o era menos. Sim, eu iria a Camden conhecer o poeta, porque ainda me restavam quinze dias antes do embarque.

And you O may soul where you stand,
Surrounded, detached, in measureless oceans of space,
Ceaselessly musing, venturing, throwing, seeking the spheres do conect them

Já subindo a Broadway, Peter Doyle se esquecera de Whitman e me falava na religião da natureza que nascia nos Estados Unidos, uma reação à mania política e à busca do prazer que corrompia tudo o que tocava, típicas da Europa. Quando lhe falei em Victor Hugo e em George Sand, ele me espantou confessando que jamais ouvira falar naqueles nomes. No Central Park sentamos durante um bom tempo ao sol diante de um lago onde querubins de pedra faziam jorrar de suas mãos uma água cristalina. Doyle me perguntou se eu sabia de cor alguma poesia do meu país, a qual pudesse recitar para ele. Disse-lhe que gostava muito de poesia, mas que jamais havia decorado alguma porque não tinha talvez memória muito boa e não sabia dar o tom certo à declamação. Pensei comigo que eu já devia ter começado a ler o livro que ele me emprestara, de que não lembrava o nome, embora soubesse ser do filósofo Emerson. Quando nos despedimos, já anoitecendo, Doyle me convidou para jantar em sua casa no norte da ilha, dali a três dias.

Naquela noite, li durante horas seguidas o *Self-Relience*, o belo livro encadernado em couro cor de vinho que Doyle me havia emprestado. Essa obra de Emerson me impressionou tanto que no dia seguinte pela manhã saí para comprar seus outros livros que pudesse encontrar. O filósofo dizia com notável segurança aquilo que eu não conseguira nunca transformar em palavras, nem mesmo vocalizar em pensamento, concluindo ser irrealizável essa tarefa. Havia percepções que não pertenciam ao reino da palavras, pensava comigo, e todo esforço para registrá-las era vão e até prejudicial ao equilíbrio interior de quem o tentasse. Para Emerson, a fonte de toda vitalidade era uma vida mais alta da mente, e isso o conduzia a outras conclusões fundamentais. Só para citar um trecho, que na época me forcei a decorar: "Acredito que a mente é a criadora do mundo, e que prossegue eternamente nessa criação. Que a Matéria, afinal, é a Mente morta. Que a mente faz os sentidos através dos quais ela vê. Que o gênio do homem é a continuação do poder que o fez, e que não o terminou". Sua contemplação o leva longe, mas ele também se limita: "Não ousaria lidar com esse elemento em sua pura essência. Ele é sutil demais para as asas das palavras... Todo pensador honesto tem tentado indicar esses graus, esses passos na escada divina, até que chega à luz onde a linguagem falha. Acima do pensamento está a mais alta verdade – verdade ainda não domesticada e portanto não formulada".

Comprei e li, naqueles dias, o ensaio "Work and Days", do livro *Society and Solitude*, *Compensation* e o diário do escritor, que estava sendo publicado em partes. Com a ajuda do primeiro livro que comprei em Nova York, o *Standard Dictionary*, começava a ler no meu quarto de hotel logo ao levantar, às vezes muito cedo, e só interrompia para sair à noite e caminhar pelo trecho da Broadway onde estavam sendo instaladas as lâmpadas de Thomas Edison, com sua grande luz amarelada merecendo sorrisos, elogios e o aplauso de transeuntes joviais como nunca eu tinha visto na vida. Os norte-americanos gostavam de se comunicar com os outros, fossem conhecidos ou não, e isso estava me contagiando visivelmente. No Rio de Janeiro não deveria comentar com um estranho que passasse ao meu lado na calçada o belíssimo brilho amarelo que jorrava de um poste sobre nossas cabeças, mas agora fazia isso com alguma espontaneidade. Uma senhora parou ao meu lado uma noite e, ajeitando nos olhos o *pince-nez* que havia tirado da bolsa, voltou-se para mim:

"É extraordinário que não haja gás ou labareda nesse tubo de vidro e ele possa brilhar assim mesmo como um pequeno sol!"

Sorrimos um para o outro com simpatia, e ficamos extasiados olhando a luz, parados na calçada. Depois de cumprimentá-la tocando no chapéu, continuei meu caminho. Seguia pensando em Emerson. Percebi que ele havia adquirido, na sucessão dos livros que escreveu, um modo de expressão que parecia o de um personagem de romance, embora um modo que ele não poderia usar num romance. "Cada homem é um novo poder da natureza. Ele tem as chaves do mundo em suas mãos. Não pode tocar aquelas maravilhas, nem pode ver ali a verdade. Silenciosa, passiva, até mesmo rabugenta, a natureza cada manhã oferece sua riqueza ao homem. Ela é imensamente rica e ele é bem-vindo a toda essa riqueza, mas ela não diz palavra, nem mesmo acena ou tosse. Somente isso, ela cuida apenas de deixar suas janelas abertas – para as torres, o saguão, a despensa e a adega."

O jantar com Peter Doyle teve muito burbom para ele e muita laranjada para mim, antes dos petiscos que me ofereceu e que ele mesmo preparou. Quando acabamos de comer e passamos a uma varanda fechada que meu anfitrião estava inaugurando naquele dia, segundo disse, continuou imperturbável, citando Whitman e contando passagens da vida do amigo. De vez em quando ocorria-lhe que podia estar falando demais, e então perguntava alguma coisa sobre minha vida e a respeito daquele país estranho de onde eu vinha. Depois se sentou ao meu lado no sofá e me disse que sentia uma grande atração por mim, e embora eu não aparentasse surpresa alguma, disse-lhe que isso me surpreendia porque não conseguia vê-lo senão como um novo e bom amigo. Doyle continuou onde estava e me falou, com toda franqueza e com os olhos fixados em mim, que sentia atração por homens e sobretudo por homens como eu. Tive a preocupação de não ofendê-lo com a minha recusa, mas deixei claro que não me inclinava especialmente para esse tipo de amor, e que era suficientemente egoísta para não me dedicar àquilo que não me dava prazer, ainda que proporcionasse prazer a outros.

Doyle então voltou a falar de Whitman, por quem segundo disse tinha uma amizade muito especial que era plenamente correspondida, embora não houvesse nenhuma proibição ou voto entre eles que impedisse novas amizades de ambos. Seu *Leaves of Grass* era a melhor poesia que já se fizera em nosso século, mas porque virou o mundo de pernas para o ar nem sempre foi bem aceito pela crítica. Whitman tinha decidido um dia morar em Camden, para estar mais perto da natureza que ele tanto amava e que inspirava seu trabalho, mas principalmente porque ninguém ficava neutro diante dele, indo do amor ao ódio com a maior facilidade. Emerson, por quem eu estava agora tão fascinado, segundo ele, via em Whitman o pensamento mais livre da América e a poesia mais alta. Ainda na porta, quase me acompanhando até a calçada, Peter Doyle ainda homenageava o poeta:

How soon unaccountable I became tired and sick,
Till rising and gliding out I wander'd off by myself
In the mystical moist night-air, and from time to time,
Look'd up in perfect silence at the stars.

No dia seguinte, uma sexta-feira, procurei Oscar Lloyd no seu escritório e o encontrei se deliciando com um dos seus charutos das Antilhas. Contei minha viagem a Nova Orleans e Natchez, e fiz um resumo do que me acontera por lá. Lloyd me disse que ouvia histórias daquele tipo sobre o "novo Sul" quase todos os dias, desde que as tropas do governo deixaram a região. Queria obter dele informações sobre como viajar até Concord, se era muito longe e se seria dispendiosa uma viagem dessas. Dispendiosa não, falou devagar, mas seria maçante. Fazer o quê em Concord?, repetia ele, fechando os olhos. Era uma pequena cidade cinzenta em que ninguém saía das suas tocas já quando o outono ia em meio, muito menos no inverno. Era um lugar sem graça. Ele estivera lá havia uns dez anos e havia voltado com a pior das impressões. Esperei que terminasse o relato de sua viagem ensopado em tédio e má vontade e insisti nas informações. De posse delas, marquei mentalmente um dia para viajar e me dediquei à conversa com meu amigo, a qual se alongou por dois charutos com um largo intervalo, quase até o começo da noite.

Uma vez mais me deliciei fazendo uma pequena viagem por mar até Boston, pelo extraordinário "Sylvan Dell", um vapor bastante rápido com uma falsa roda lateral imitando os antigos barcos do Mississippi. Dan Rice enviou por correio uma carta a um seu amigo bostoniano, Frank Simmons, pedindo que me apresentasse a Emerson e ao grupo de Concord, mencionando minha condição de jornalista em meu país e minha admiração pelos pensadores da Nova Inglaterra ligados aos transcendentalismo. Disse na carta que minha idéia era ficar num hotel em Boston e visitar Concord quantas vezes pudesse, devendo fazer também uma visita a Harvard. Levei em mãos uma outra carta de Dan para Mr. Simmons, vazada mais ou menos nos mesmos termos, só que acrescentando algumas referências às minhas origens, minhas viagens, a minha vida, enfim. Tudo correu notavelmente bem, e Mr. Simmons me esperava no porto com meu nome cristão anotado numa grande folha de papel para que eu o identificasse imediatamente.

Da ponte de desembarque, sorri para o homem imenso de longos bigodes, que também me sorria de longe balançando o aviso com o meu nome. Ele me lembrava muito alguém que eu tinha visto de relance havia algum tempo – sim, Simmons se parecia muito com o escritor Flaubert que eu vira uma só vez em sua janela de Ruão. Jovial, generoso, entusiasta e ao mesmo tempo discreto, distanciava-se muito do tipo brasileiro e de muitos europeus. Descobri depois, confirmando uma primeira impressão, que Simmons era aquele gênero de homem que, por não tomar intimidade com as pessoas com quem convive, parecia aos latinos e mesmo aos africanos um tanto frio e indiferente. O hotel onde ele reservara acomodações para mim, próximo ao porto, era modesto, mas extraordinariamente bem cuidado. Quando lhe perguntei se lá aceitavam negros, deu uma gargalhada e me perguntou se tinha ido ao Sul. Jantamos juntos e combinamos ir a Concord no dia imediato. Simmons se interessou tanto pela minha atividade de jornalista que me senti no dever de lhe dizer a verdade, isto é, que em jornal no meu país nunca tinha feito muito mais do que a revisão cuidadosa dos textos de outros, embora tivesse assinado com nome suposto quatro ou cinco artigos na *Gazeta do Brasil*. Mas tinha recursos para viajar e gostava de correr o mundo e conhecer gente de idéias.

"O senhor escolheu bem resolvendo vir a Concord", falou com simplicidade, inclinando-se para mim na mesa. "Ali está a maior coleção de inteligência que pode encontrar no Novo Mundo. E além disso são homens livres que não se filiam a um credo e, portanto, podem pensar mais profundamente...", concluiu, sondando meu rosto.

Dava razão a ele a propósito de essa ausência de dogmas ser benéfica para a inteligência e propiciadora de descobertas interiores. Simmons me pediu que o tratasse por Frank e eu lhe disse que ele deveria me chamar de Muçá. A razão do apelido era a minha semelhança, quando ainda jovem, com um gato – muçá numa língua africana – não apenas pelas marcas no meu rosto em forma de bigodes espetados, hoje já meio apagadas pelo tempo, mas também pela agilidade que eu tinha. E que ainda parece ter, acrescentou ele, referindo-se a certa rapidez dos meus passos, que ele custou a acompanhar a caminho do restaurante. Também eu não tinha filiações religiosas ou filosóficas, embora minha formação na África tenha sido muçulmana. Com o tempo e o hábito de reexaminar os dogmas e os ritos, havia feito um amálgama muito pessoal, mas continuava tendo uma grande admiração e um imenso respeito pelo Islã.

"Vai ser muito proveitoso seu encontro com Emerson. Um homem simples e ao mesmo tempo complexo. Sinta-se inteiramente livre para revelar-lhe suas idéias, sem qualquer vacilação por estar diante de um homem famoso no mundo inteiro. Emerson é a simplicidade em pessoa. Aproveite essa mistura rara num homem, de sabedoria e singeleza, de profundidade e interesse pelo outro...", disse Frank, buscando mais palavras para definir o amigo, enquanto corria os olhos pelas paredes e tornava a me fitar.

No outro dia chegamos a Concord por volta das quatro horas da tarde, na hora do chá americano. Deixamos a sege no parque e entramos na bela casa de madeira. Lábios finos, cabelo muito liso caído sobre as orelhas e um nariz ligeiramente aquilino, Emerson estava na sua sala de visitas acompanhado de cinco ou mais pessoas, inclusive de duas senhoras. Simmons fez as apresentações com a sua voz de barítono, e todos me cercaram, apertando minha mão e me pedindo que contasse como fora a longa viagem do meu país para os Estados Unidos. Como isso já tinha ocorrido havia alguns meses, respondi de modo formal como se responde a um cumprimento, e a convite seu me sentei ao lado de Emerson, enquanto o chá era trazido em duas bandejas. O cavalheiro à minha esquerda era Amos Bronson Alcott, como Emerson também filósofo transcendetalista, que havia criado ali perto uma comunidade; e além dele estava sua filha Louisa May Alcott, que, segundo Frank, tinha escrito um romance muito vendido nos Estados Unidos há quase vinte anos, *Little Women*, se não me engano. Ela sonhava levar às mulheres do seu país os direitos de que somente os homens desfrutavam, como votar, assinar documentos, responder por uma família e requerer em juízo sem autorização do pai ou do marido.

Contei a Emerson, em resposta a algumas de suas perguntas amáveis, a história de minha vida, resumi minhas viagens e falei da minha curiosidade sobre a experiência libertária dos Estados

Unidos. Ele me perguntou se ainda havia escravos em meu país e se admirou quando lhe respondi afirmativamente. Mas aí foi a minha vez de lhe perguntar como ele via a luta dos descendentes de africanos, a qual levou à liberdade do jugo dos brancos na América. Havia um clima de veneração na sala que não se alterou nos dois dias seguidos em que visitei Emerson em Concord. Procurei memorizar cada palavra sua, e ao chegar no hotel tentava lembrar o encadeamento do assunto, anotando tudo em cadernos que agora transcrevo.

"A guerra civil foi motivo de grande sofrimento para mim", disse ele, percorrendo com os olhos todos os presentes. Não era um homem belo, mas impressionava pela dignidade e a segurança que ele irradiava. "Cinqüenta e cinco voluntários daqui de Concord se apresentaram logo no início dos combates e partiram em abril de 1861, entre eles alguns queridos amigos que não voltaram. Após a primeira batalha em Bull Run, perdi todas as ilusões que ainda tinha de que aquela seria uma guerra breve. Era coisa para demorar e para matar muita gente ainda. Eu tinha 59 anos na época e já começava a me preocupar com a minha idade. Imagine, isso foi há vinte anos! Hoje já me acostumei completamente a ser velho."

O riso se espalhou pela sala, e inclusive a empregada que servia o chá ria e balançava a cabeça num jeito típico do negro velho americano. Saboreei o chá meio amargo e conservei os olhos presos no dono da casa.

"No ano seguinte, em plena matança, fui convidado a falar no Instituto Smithsoniano, em Washington, e fui até lá. Naquela fase a guerra tinha estagnado na metade do país e a viagem me mostrou cenas cruéis. No Instituto afirmei minha convicção de que era preciso emancipar os escravos sem demora, porque essa era uma questão moral inadiável e o melhor meio de consolidar o Norte e obter a paz. Soube depois que o presidente Lincoln leu, dias depois, a palestra que fiz, e fez esse comentário com Moncure Conway, que depois me contou: 'O que Emerson deseja é o que vou transformar em realidade em breve neste país'. Fiquei muito feliz ao saber daquilo e acho, sem modéstia desnecessária, que exerci grande influência na decisão do presidente de sustentar a emancipação dos negros. A guerra mudou de rumos em 1863, com Gettysburg. No ano seguinte, o general Grant assumiu o comando dos exércitos da União e empurrou a guerra para o Sul. Naquele ano fiquei muito abalado com a morte de Nathaniel Hawthorne, dois anos mais moço do que eu. Em 1865 fiz nada menos do que 77 conferências, e em todas falei no horror daquela guerra entre irmãos, mas aferrado à luta contra a imoralidade da escravidão."

"Lincoln nunca deixou de ler seus livros e de pedir cópia das suas conferências...", disse Louisa May Alcott, pousando a xícara de chá no colo.

Emerson concordou balançando a cabeça, mas curiosamente não voltou ao mesmo assunto. Falou na beleza da Nova Inglaterra, que eu precisava conhecer mais para o norte um pouco, sobretudo no outono, quando uma cor avermelhada toma conta da paisagem. E o mar desses litorais... Não pude deixar de sorrir, porque estava pensando nas paisagens que vira de relance na ida para lá. Disse-lhe que o oceano me fazia sonhar, e que nunca perdia a oportunidade de me aproximar dele. Emersou sentou-se na beirada da poltrona para se aproximar de mim e começou a recitar um poema seu:

As the bird trims her to the gale,
I trim myself to the storm of time,
I man the rudder, reef the sail.

Fez uma pausa e continuou, ligeiramente ofegante:

Right onward drive unharmed
The port, well worth the cruise, is near
And every wave is charmed.

Esses versos, que traduzi depois em Nova York, nos últimos dias antes de embarcar de volta ao Brasil, e fiz publicar dois anos depois no *Jornal do Commercio* do Rio, num artigo que escrevi sobre Emerson, quando da sua morte, ficaram assim na minha versão desajeitada:

Como a ave se previne das procelas,
Também eu me preparo para a vida,
A mão no leme ou enrolando as velas.
Seguindo em frente, navegando enquanto
O porto agora enfim já está bem perto,
E cada onda tem o seu encanto.

Na primeira noite falamos também na questão do sofrimento dos negros na América, e Bronson Alcott lembrou que, apesar de todo o mal que fizera, o europeu não havia inventado a escravidão, que na África ela era uma prática bem antiga, sendo registrada entre grupos africanos rivais desde o século XIII, por viajantes árabes que deixaram depoimentos minuciosos sobre esse fato. Antes que Emerson dissesse alguma coisa, quis registrar uma antiga preocupação minha sobre a ilusão de que um grupo humano era o carrasco da humanidade e outro era a vítima. Isso me levava a pensar que a libertação dos escravos do jugo branco, em meu país ou em qualquer lugar do mundo, faria os negros se defrontarem com o fato de que o homem escraviza o homem quando pode, quando lhe dão instrumentos para isso, quando o direito não intervém com seu braço forte. No seu estado natural o homem era o lobo do homem, e somente alguns freios criados havia pouco na História poderiam detê-lo, enquanto fossem mantidos. Emerson me olhava em silêncio profundo, muito atento. Quando me calei ele deixou passar alguns segundos e falou:

"Também partilho da sua visão, senhor Miller. A verdadeira abolição do homem, seja branco ou negro, ainda está por acontecer. Mas acho que isso está longe de nós, por enquanto. Tenho pensado nisso a propósito das grandes religiões. O cristianismo tornou-se distante e frio, e ninguém dentro dele ousa ensinar a verdade essencial com medo de escandalizar o mundo. E a verdade afinal é auto-evidente e está nos ensinamentos de Jesus." Emerson continuou: "O Jesus histórico, afinal, tem alguma importância? As pessoas só se interessam pelo homem, não pelo sentido de sua mensagem. Jesus tentava transmitir alguma coisa que vinha de dentro dele, mas que era difícil de passar em palavras, e até mesmo nas parábolas que usou tantas vezes".

Falei alguma coisa a respeito do sufismo muçulmano, mas evitei insistir. Tinha já alguma experiência nisso: o que não era conhecido não podia ser avaliado. Mas Emerson tinha muito do sufismo nos seus escritos, principalmente em *Natureza* e mesmo sobre o que ele escreveu sobre Carlyle, que conheceu pessoalmente na sua viagem à Inglaterra. Disse apenas que os sufis também usavam parábolas e se referiam àquelas descobertas que somente cada indivíduo pode fazer, sendo inútil todo esforço para perceber o sentido das histórias. Emerson me perguntou se eu conhecia seu poema *Brahma* e eu confessei que não. Somente depois, em Nova York, comprando seus livros de poesia, encontrei esse poema e entendi de que modo ele estava próximo de mim naquela noite em sua casa, quando me referi à poesia persa e ao sufismo, pensando que não estava sendo compreendido por ele.

No dia seguinte, Emerson estava ainda mais animado. Esperou de pé até que eu me sentasse e tomou a poltrona ao meu lado. Louisa May Alcott sorriu para mim, dando a entender que havia entendido a homenagem.

"Sofri uma espécie de acidente aqui em casa", disse ele, sorrindo, "e isso mudou um pouco minha vida. Na noite de 23 de julho de 1872, há oito anos, lavrou um incêndio durante a noite na área dos quartos, no primeiro andar. Salvei meus principais livros e alguns escritos inéditos, mas a casa teve de ser reconstruída. Depois disso, quis ficar um tempo sem fazer conferências porque estava me cansando muito e a memória já não me ajudava como antigamente. Fiz uma viagem à Inglaterra, ao continente europeu e ao Egito, e creio que foi a última viagem ao Velho Mundo que fiz."

Emerson sorriu de novo e os Alcott continuaram balançando a cabeça, recusando a idéia de que ele não viajaria mais. "Na França, conversei com Taine e Turguenev, e isso foi um grande deleite para mim. Na Inglaterra voltei a me encontrar com Ruskin, que estivera aqui em minha casa antes, além de Max Muller e

Gladstone, com os quais me correspondia. Mas o que queria dizer era isso: encontrei na Europa alguns livros que me impressionaram muito. Como os *Upanishades*, por exemplo. Já leu os *Upanishades?*", perguntou com o cenho franzido. Disse que não.

"Depois que li, nessa viagem, a tradução que Moksha Mulara fez desse livro para o inglês, meus olhos se abriram para a vida. Uma frase me ficou no espírito e não me abandonou até hoje: 'O eu profundo nunca esquece – mas o que está gravado na memória é bom que se perca aos poucos'. Meu Deus, era a peça que me faltava para as dúvidas que tinha sobre a questão da memória..."

Falamos até muito tarde, naquela minha segunda visita ao grande homem. Ao me despedir, pedi desculpas pela hora porque ouvira falar nos seus hábitos de dormir cedo e acordar cedo. Emerson me perguntou quem lhe contara essa história? A mulher dele, por acaso? Não me lembrava quem havia me contado isso. Soube então que sua mulher estava em Chicago, fazendo uma série de palestras sobre o direito da mulher de votar. Emerson e seus convidados foram nos levar, a mim e a Frank Simmons, até a porta onde nos esperava a sege de meu amigo. Na volta para Boston, quase não falamos. Olhei durante tanto tempo para uma das lanternas do carro que balançava ao ritmo do trote dos cavalos, que devo ter adormecido num sono hipnótico.

Voltei a Nova York no "Donovan", um pequeno barco desconfortável, mas a presença do mar uma vez mais me fez esquecer todo o resto. Havia um lugar do tombadilho em que gostava de me alojar todas as noites, para olhar o negrume das ondas e alguma luz que brilhasse na treva do oceano. De manhã cedo estava ali de novo, antes mesmo de comer qualquer coisa, e aí era o céu e o horizonte que eu sondava, adivinhando sinais de terra como faziam os navegantes antigos cujos relatos tanto me encantavam. Na verdade era o mundo que queria descobrir, a cada momento, era o entendimento das coisas como são, jamais como os homens e os livros dizem que elas são. E ainda mais e talvez o mais importante – era o mundo tal como ele era o que precisava perceber, não como eu queria que ele fosse.

Em Nova York, ainda me sobrava uma semana para ler, flanar e passear pela cidade sem qualquer compromisso ou programa, como desejei fazer desde o primeiro dia na cidade. Numa livraria da Quinta Avenida comprei *Recollections of my Youth*, de Ernest Renan, que havia conhecido pessoalmente em Paris, e uma tradução para o inglês do seu *Souvenirs d'enfance et de jeunesse*, a história de uma vida a partir da diluição de sua fé católica ainda no seminário de St. Sulpice, em Paris. Em outra livraria encontrei *History of Israel*, que já conhecia de referência, na qual seu autor Julius Welhausen tenta provar exatamente o contrário do que venho pensando e concordando com Emerson, de que o Cristo histórico é o menos importante. Um estudo sobre o significado oculto da Hégira, a fuga do Profeta de Meca para Medina, chamado *Hijra*, foi irresistível para mim, e embora caro eu o levei comigo. O autor, Al-Jabarti, dá enorme destaque ao sentido de "abandono", de "deixar-se perder" no mundo prático, e não em migrar, que é outra interpretação. Viajar por viajar seria apenas fugir; abandonar-se completamente à realidade interior e exterior era o próprio conhecimento transcendente. Comprei outros livros, mas relacionei na ocasião apenas os seguintes, que enumero aqui: *Muhammad at Mecca*, de Muhamad Ali, *Adrat Abu Bakr*, de Ibn Jarir, *Meister Eckhart*, de Cherubini, *Muqqadimah*, de Ibn Khaldun, *Saadien al Mansur*, de Idries Mahmud, que conta a história do xeque marroquino que, tendo feito uma incursão militar ao sul do Saara, acabou convertido a um novo islamismo – o islamismo tradicional da melhor qualidade – em Tombuctu e, finalmente, um punhado de livros de original francês e de traduções para essa língua, como *Les Hymnes à la Nuit*, de Novalis, *Regrets d'un mourant*, do pastor francês Adolphe Monot, o *Traité Inédit de l'Amour de Dieu*, do padre Jean-Joseph Surin e o *Traité de l'Abnégation intérieure*, do cardeal e teólogo Pierre de Bérulle. E encontrei o poema *Brahma*, de Emerson, que decorei num banco do Central Park, perto do *reservoir* e da fonte Bethesda.

Explorei, encantado, a Grand Central Terminal que o célebre comodoro Vanderbilt mandou construir. Andei pelo cemitério ao lado da igreja da Trindade, caminho do porto, e me demorei vendo as obras do que acreditei fosse a etapa final da ponte de Brooklyn, mas os arcos no meio do rio não tinham sido emendados às margens. Vi homens apequenados pela distância ligando os imensos cabos de aço às vigas, como formigas numa teia de aranha. Atravessei a ilha de lado a lado num dia. No dia seguinte fiz o percurso sul–norte da ilha e terminei a caminhada perto das casas de Dan Rice e de Lloyd, aos quais procurei para me despedir, pois voltaria ao meu país nas próximas horas.

No último dia em terra, recebi no hotel uma carta de Ibraim, que abri assustado. Ele deveria imaginar que eu já estava de volta, então por que escreveria? Subi com a carta fechada e a abri sentado à cama, no quarto. A notícia me atingiu como um raio: Horácio Mendes havia morrido um dia antes da data da carta. Meu neto quis que eu chegasse ao Brasil sabendo da triste notícias. Não me despedira do velho amigo, meu primeiro amigo no Rio, que eu vira pela primeira vez numa cerimônia de lava-pés, lembrava-me perfeitamente, e que dias depois me tratou de um ferimento no pé, feito com um estrepe em que pisei na praia de Santa Luzia. O Rio daquela época tinha para mim o rosto de Horácio, médico mulato, pensador ilustre, amigo infalível, meu companheiro de peregrinação a Meca, que estivesse em paz onde estivesse. Embarquei no "Charles White" com o coração pesado e me tranquei no camarote nos primeiros dois dias, para fazer jejum e orar pelo meu amigo.

No terceiro dia saí do camarote só para jantar. No restaurante, verificando que as mesas estavam postas para quatro pessoas, pedi licença a um casal para me sentar com eles, e conversamos ligeiramente sobre a comida de bordo, que lhes parecia boa. Ele era um médico norte-americano do Texas que fora convidado para trabalhar numa companhia inglesa em Belém, na foz do Amazonas, nossa segunda escala. A esposa havia ficado cega com glaucoma e ele precisava guiá-la por toda parte, o que fazia com extraordinária paciência. O "Charles White" não gozava de boa fama entre os passageiros que faziam a linha para a América do Sul, como verifiquei depois a bordo. O dr. Cobey não acreditava que o barco chegasse a Belém no dia prometido, mas também não se incomodava muito com isso. Sua esposa ria da sua placidez, e eles acabaram me distraindo um pouco da tristeza com que eu havia subido a bordo. Apesar do ceticismo geral, o "Charles White" chegou a Port au Prince no dia previsto. Mas fomos logo avisados de que havia uma epidemia de *Cholera morbus* no Haiti, e todos deveriam permanecer a bordo no dia e meio em que o navio ficaria ali para carregar alguns fardos. O barco não chegou a atracar, e os volumes que deveriam ser embarcados foram trazidos em chatas até o barco. Fazia calor e havia muitos mosquitos em Port au Prince.

11

Um amigo diz adeus

1880/1881

O dr. Cobey e a esposa me informaram no almoço, de um modo misterioso e quase sussurrado, de que havia mais coisa na ilha do que apenas o *Cholera*. O que queriam efetivamente dizer-me não ficou desde logo claro, e minha tendência a não dar ouvidos a boatos de bordo fez com que não lhes perguntasse mais nada. Durante as viagens por mar pairava sempre em alguns espíritos um impreciso temor de catástrofes, que se revelava às vezes na presença de boatos que ninguém sabia de onde vinham. Agora a suspeita já se espalhara pelos outros passageiros, que falavam em voz baixa, olhando uns para os outros. Duas religiosas que se sentavam atrás de mim eram as únicas que não participavam do clima de desconfiança que reinava no restaurante do barco. Quando quis afinal saber do que se tratava, o dr. Cobey se sentiu solicitado e inclinou o corpo na minha direção, pondo a mão em concha sobre a boca para que suas palavras não caíssem em ouvidos não confiáveis:

"Estão fazendo segredo para evitar pânico, senhor Miller, mas eu conheço de longe os sintomas. Vi nos carregadores que trouxeram os fardos para o navio. É a peste, é a peste, tenho certeza..." Olhei o médico de perto.

"É o cólera, não é isso?" Sua testa e seu nariz brilhavam de suor.

"Não é o cólera, não. É a peste, a febre-de-caroço, entende?" Ficamos em silêncio, nos observando de perto, mas não me parecia que houvesse razão para pânico.

"Mas já vamos zarpar e nenhum de nós foi à terra", argumentei.

"Os carregadores vieram a bordo...", respondeu com um fio de voz e o olhar sombrio. Sua mulher nos observava com o medo estampado no rosto.

"Vamos esperar que nada aconteça", falei, voltando a me encostar na cadeira e cortando com a faca um pedaço de pão. O casal voltou a sussurrar e falou entre si até a sobremesa. Nessa noite, imaginei ouvir ovelhas balindo, mas de manhã eram tão insistentes os balidos que perguntei a um marinheiro se havia apenas imaginado aquele som, tendo ele respondido que havia de fato ovelhas no porão do "Charles White". No segundo dia após ter deixado Port au Prince, o médico e sua mulher não vieram jantar, o que me surpreendeu. Procurei sua cabine e os dois estavam acamados. Ele me fez entrar e disse que já havia medicado a mulher e a si mesmo com chá e repouso, embora não soubesse ainda o que era. Depois de um minuto de conversa senti que o dr. Cobey estava resvalando para o pânico. Tentei acalmá-lo dizendo-lhe que apesar de não ser médico já havia curado muita gente e que sabia onde estava o perigo em matéria doença. Senti que a partir desse momento ele se colocou em minhas mãos. Trouxe de minha cabine umas folhas secas de camomila e recomendei que fizessem com elas uma infusão com muita água, para tomar sempre que tivessem sede.

No dia seguinte começaria um terrível período de provação para todos nós do navio, como eu nunca havia experimentado antes. A mulher do dr. Covey morreu naquela mesma noite, e juntamente com ela oito passageiros e dois marinheiros. Sem qualquer comunicação do comando do barco, ficamos entregues à dúvida e ao desespero de duas centenas de pessoas que mal se entendiam entre si, principalmente porque falavam línguas diferentes. Os corpos foram devidamente lançados ao mar, depois de uma rápida cerimônia comandada pelo capitão Herbert

Cohen. O médico e eu nos reunimos com o capitão para saber o que se passava. Para ele, havia uma peste de caráter desconhecido que estava grassando a bordo.

O navio deveria seguir sua rota para Belém, onde devíamos chegar em oito dias, e os mortos seriam lançados ao mar poucas horas depois do seu falecimento porque eram um foco de contágio e não havia outra coisa a fazer com eles. O dr. Covey já sabia, então, que se tratava de febre amarela e falou conosco a respeito do que sabia sobre o desenvolvimento das epidemias dessa doença mortal. O capitão Cohen dizia saber que a infecção vinha pelo ar e era transmitida pela simples respiração. O médico nos explicou, na sua fala arrastada e contendo os soluços pela morte da companheira, que os médicos ainda estavam aprendendo sobre as epidemias, sobretudo a febre amarela, e que o Haiti era um foco muito conhecido da doença.

"A doença veio pelo ar, da terra para o navio, quando aportamos em Port au Prince", insistiu o capitão. "Há quem diga que é um mosquito que transmite...", falou o médico, sem nos olhar. Ponderei que não importava muito a causa e o desenvolvimento da peste, mas que talvez fosse urgente aportar em alguma cidade para que o navio todo não acabasse morrendo. O capitão respondeu que os portos próximos das Antilhas e da América do Sul deveriam estar infestados, principalmente sendo verão, daquela e de outras enfermidades piores. O dr. Covey lembrou que somente aqueles que já tinham tido a febre amarela e sobreviveram estavam a salvo. Era o caso dele próprio, que já tivera a doença em Cuba, havia uns quinze anos. O capitão me olhou, espantado, como se perguntasse sobre nós.

"Os negros são muito resistentes à contaminação", falou o médico, olhando para mim e em seguida para o capitão. E acrescentou, como se tivesse recuperado um pouco o ânimo: "Procure saber a bordo, capitão, quem já teve a doença e reúna esse pessoal num ponto do navio, porque eles devem ser os sobreviventes certos...".

O capitão se levantou e saiu. O médico deixou cair a cabeça sobre seus braços cruzados na mesa e murmurou com um suspiro: "Meu Deus, minha Adélia está no fundo do mar a esta hora...". Andei pelo navio, observando as pessoas por quem passava. Algumas pareciam febris, outras bem-dispostas, mas preocupadas. Falei com um grupo de passageiros americanos, todos parecendo aterrorizados. Dois deles se queixavam de forte dor de cabeça, e um rapaz bem jovem de suíças negras que se aproximou queixava-se de haver vomitado um líqüido escuro havia pouco, na sua cabine. Amarelo e preto eram as duas cores da febre mortal, que eu já conhecera de perto nas epidemias que tinha visto no Rio. Na Santa Casa os doentes morriam às dezenas, e Horácio Mendes corria pelos longos corredores de ladrilhos, para atender uns e outros. E Horácio, que tinha partido, também ele, amigo querido com quem podia ter me correspondido naquela viagem e de quem, não sei por que motivo, me esqueci por um tempo.

Lembrava agora da epidemia e do meu trabalho de limpar a enfermaria da Santa Casa, tarefa que naquela ocasião teria assustado São Vicente de Paula. Os "amarelões" e as hemorragias intestinais enlouqueciam os próprios médicos. "Mal de Siam", era como o professor Otto von Pracht chamava a febre, que em alemão chamava simplesmente *Gelbfiever*, a inimiga temível cujo combate fizera dele um especialista mundial e um humilhado perdedor para a morte. "Em navios, em ilhas, em faróis e quartéis", dizia Von Pracht com voz solene, "se houver vômito negro é preciso hastear logo a bandeira amarela da quarentena." E Horácio nunca havia chegado a uma resposta satisfatória – a febre se chamava amarela por causa do colorido da pele com icterícia (nos negros, apenas os olhos) ou por causa da bandeira que indicava a quarentena em qualquer epidemia?

O capitão Cohen mandou um recado ao dr. Covey e a mim, para que nos juntássemos a ele na sala de comando do "Charles White" em meia hora. Estavam reunidos ali cerca de quinze homens, além de nós, todos de pé em torno de uma mesa quadrada. Oito deles, explicou o capitão, tinham passado pela doença e um outro era um negro filho de pais vindos da África, por isso talvez isento da enfermidade. Os demais presentes estavam bem e poderiam ajudar na emergência. O resto da tripulação estava com sintomas, e com os passageiros era preciso não contar, mantendo-se a ordem a qualquer custo. Era impossível isolar os doentes; melhor era esperar que morressem para jogar os corpos ao mar. O capitão Cohen era um homem do mar e dizia as coisas rudemente. Pena que às vezes fosse impulsivo a ponto de falar o que poderia guardar. Ao fim da reunião contou que uma vez encontrara um brigue completamente vazio de homens, à deriva no oceano a cem léguas da costa mexicana. Pesou um silêncio demorado na sala e alguém perguntou se poderia voltar ao seu posto, recebendo autorização do comandante. Depois que todos saíram, o dr. Covey e eu ainda ficamos um instante.

"Na época todos ficaram apavorados no meu barco. O brigue que nós víamos possuía uma vela latina quadrangular e dois mastros gigantescos", falou o capitão Cohen, continuando: "E vinha em nossa direção. Fizemos sinais, gritamos e ninguém nos respondia. Mandamos um escaler a bordo, e o brigue estava sem vivalma nele, e também sem um único corpo nas cabines. Para onde tinham ido os mortos?"

Ficamos em silêncio diante do capitão.

"Sabe o nome do brigue? 'Brazil', era 'Brazil' o nome do veleiro...", falou, seguindo-nos até a porta da cabine. No popa do navio, vi dois vultos debruçados, vomitando. O médico voltou depressa para seu camarote. Acordei naquela noite com dor de cabeça e indisposição de estômago, e virei para o outro lado na cama para que a idéia de morte não se plantasse no meu espírito e me tirasse o sono. Mas o pequeno sono afastou para longe, pelo menos por um tempo, o grande sono definitivo que tanto medo nos dá. O capitão mandou me chamar novamente, perto do meio-dia, e pediu que eu almoçasse com ele na cabine de comando. Ele próprio havia cozinhado alguns legumes, que misturou a alguma comida preparada pelo cozinheiro de bordo que tinha morrido na madrugada daquele mesmo dia. O capitão Cohen me ofereceu um vinho espanhol, que recusei polidamente, comendo no entanto com gosto um peixe pescado e preparado pelo cozinheiro falecido. Cohen me contou pedaços de sua vida, e algumas histórias vividas por seu pai e seu avô, ambos também no seu tempo comandantes de navios naquela rota e nas do Oriente.

"Meu avô falava na *Yellow Jack*, a febre que esvaziava os navios", contou o capitão Cohen, mostrando num sorriso seus dentes escuros de mastigador inveterado de fumo. "Ele levou no seu veleiro os soldados que Napoleão mandava para a Hispaniola, que era as colônias do Haiti e de Saint Domingue que estavam sublevadas contra o imperador. Vinte e cinco mil homens, entendeu? Meu avô levou vinte e cinco mil homens em doze viagens para lutar contra o patriota negro François Dominique Toussaint l'Ouverture", dizia ele, deformando horrivelmente o nome francês do herói haitiano. E o capitão esvaziou a garrafa no seu copo e prosseguiu: "Quem comandava a luta contra os negros na ilha era o cunhado de Napoleão, comandante Leclerc, que tinha tudo para vencer sua guerra. Mas quem venceu afinal foi a febre amarela, é verdade...".

O capitão Cohen balançava o corpo na cadeira, depois de tomar metade de outra garrafa, e não me fitava mais.

"Aqueles negros... acabaram com os franceses. Aqueles negros que quase nunca eram tocados pela febre, a febre que só matava os europeus...", continuava ele. "E foram eles que mataram meu avô e quase mataram meu pai..."

Levantei sem pressa da mesa e fiquei um instante imóvel. O capitão estava entregue às suas fantasias, e já se esquecera de mim. Voltei para a minha cabine e verifiquei se a pistola que trazia na mala para uma emergência estava em ordem. Prendi-a atrás do cinto e sob a casaca, voltando para o tombadilho a fim de verificar o que estava acontecendo a bordo.

No outro dia, quinto depois da nossa partida de Port au Prince, o capitão não foi mais visto no navio. Bati na porta da cabine de comando, mas não obtive resposta. Entrei e tudo me pareceu em ordem na sala vazia. Procurei os marinheiros que tinham participado da reunião havia dois dias e encontrei um deles lavando o convés, ao lado de um balde. Onde estava o comandante?, perguntei. Então eu não sabia? Ele tinha desaparecido, talvez tivesse se matado saltando ao mar durante a noite. Mas alguém sabia dar conta disso? Não, ninguém. Quem estava no comando? Era um homem chamado Thomas, ele explicou. Pedi que me mostrasse o tal, e o marinheiro me apontou um negro, aquele cujos pais tinham vindo da África. Conversamos no convés, e fiquei sabendo que a única pessoa que conhecia navegação a bordo no momento era o Thomas, um homem alto, magro, desconfiado e silencioso. Dos quinze homens que o capitão nos apresentara na reunião em sua cabine só cinco estavam vivos, além do dr. Convey, de mim e dele, Thomas. Até alguns que tinham passado pela febre em outros tempos haviam morrido. O navio cheirava a vômito e a diarréia. Perguntei onde estavam os mortos e ele me respondeu que tinham lançado sete cadáveres ao mar havia poucas horas. "E o mar é grande, tem lugar para todo mundo", falou o negro, olhando as ondas.

Os homens restantes trabalhavam sem descanso, lavando o barco e alimentando as caldeiras. No seu camarote, o dr. Convey falava sozinho o dia inteiro. Na cabine de comando, Thomas e eu passávamos o dia em silêncio, ele tomando notas e examinando o sextante, a bússola e os mapas de navegação, enquanto eu procurava adivinhar o que Thomas fazia. Ele tinha a idade que Tiago, meu filho que morreu em Assunção do Paraguai, teria nessa época. Contei a ele a história do meu menino, aquele moço romântico que amava a paz e morreu na guerra, e Thomas sorriu pela primeira vez, emocionado. No dia seguinte bem cedo ele me acordou batendo com força desnecessária na porta da minha cabine.

"Estamos a poucas léguas marítimas de Belém. Acho que é hora de desembarcar", disse, enquanto íamos para a cabine de comando que ele ocupava. Contou que naquela noite haviam morrido mais três homens e em pouco não haveria mais gente bastante para fazer o barco navegar. Olhei um mapa detalhado, imaginei que uma cidade pequenina do litoral, ao sul de Belém, seria um bom lugar para três estranhos desembarcarem, e corri para chamar o dr. Convey e pegar alguns objetos meus. Apontamos o navio no rumo leste, reduzimos ao mínimo sua velocidade, baixamos um pequeno escaler e entramos nele, os cinco homens. Os dois homens das caldeiras remaram com força, eu e Thomas ficamos sondando o horizonte para descobrir terra e o dr. Convey manteve-se indiferente, a cabeça baixa. Os sinais de terra não surgiam nunca, por mais que os dois remassem. Trocamos de lugar com eles e mantivemos uma freqüência apertada nas remadas, mas em vão. De repente, Thomas deu um grito e apontou no horizonte um risco escuro. *Terra firma.* No lado oposto do horizonte, o "Charles White" havia sumido completamente. Juntos na praia, esperamos anoitecer para ganhar diferentes rumos, feita a promessa de que não falaríamos do caso com ninguém, para evitar questões e suspeitas. Enquanto os outros dormiram logo, fiquei junto da fogueira conversando com Thomas.

"Um negro navegador e um negro sábio, os sobreviventes de um grande navio, quem acreditaria nisso?, disse ele, que havia aprendido a sorrir.

"De onde você é, Thomas?", perguntei.

"Da Louisiana, meu senhor."

"Você não tem senhor há muito tempo, Thomas. Meu avô viveu na Louisiana longos anos. Como escravo", falei.

Ficamos em silêncio, ele talvez não quisesse falar de si mesmo, evitando perguntar qualquer coisa a meu respeito.

"O 'Charles White' vai navegar sozinho, vai virar navio-fantasma agora", ele falou.

"Gostaria que tivesse me ensinado a lidar com aquelas cartas de navegação, a bússola e o sextante que ficaram no navio, mas não tivemos tempo...", disse a ele, tentando ver o mar escuro à nossa frente.

"Sei fazer, mas não sei explicar. Acho que já nasci sabendo...", respondeu. "Às vezes acho que não há nada para aprender, e ao mesmo tempo tudo está para ser aprendido. Fico confuso, não sei" acrescentou.

"Nada. O sábio aqui é você, e o navegador improvisado sou eu...", falei, rindo, com meu sotaque, enquanto ele dobrava o corpo numa risada. Um minuto depois vi que ele havia adormecido na posição em que estava, sentado na areia, como uma sentinela exausta num campo de batalha.

Um mês e meio depois já estava na minha casa das Laranjeiras, no Rio de Janeiro. Na chegada, todos me acharam mais magro e notaram meus cabelos brancos. A impressão geral era de que eu havia envelhecido na longa viagem aos Estados Unidos, embora minha aparência fosse saudável. O espelho não me mostrava muita diferença, e a verdade é que isso me impressionava pouco, uma vez que nunca fizera planos de continuar moço a vida inteira. Adelaide me pareceu na volta mais bela do que nunca, e Ibraim me lembrava meu pai dos tempos do Futa Jalom. O assunto triste da morte de Horácio Mendes dominou nossa conversa no primeiro dia, mas outras notícias vieram aliviar a tristeza pela perda do amigo. Fasaha estava agora morando nas Minas Gerais, casado com uma filha de escravos que herdara uma fazenda dos antigos senhores de seus pais e que, diziam, era a mulher especialmente indicada para viver com ele, pois era suave e exigente ao mesmo tempo. Dos meus velhos amigos do Valongo ninguém nas Laranjeiras tinha notícias. Na pasta onde se acumulara minha correspondência encontrei duas cartas que me emocionaram: uma de Victor Hugo, chegada de Paris havia seis meses, e outra da França também, mas de Ruão, do fiel e compenetrado George Bouffet, que se correspondia comigo fazia nada menos que nove anos. Abri a carta de Hugo com certa emoção, depois de acender meu lampião verde de leitura no canto de sala onde gostava de ficar. Enquanto lia e sorria, Ibraim me olhava e sorria também, saboreando o que estava sentindo naquele instante. O senhor Victor Marie me dava a honra de contar como estava sendo difícil levar a vida na idade em que estava, apesar das homenagens e da proteção dos amigos. Dizia que ultimamente voltara a desenhar e a pintar, e que apesar dos olhos fracos estava se dedicando a fazer retratos em miniatura.

Sobre o livro dele que tanto me impressionara e a respeito do qual sempre falava nas minhas cartas, o sr. Hugo me contava que tinham tirado dele uma terceira edição.

Será que me lembrava da história?, perguntava Hugo, certamente para ouvir a confissão de que eu sabia de cor. Pois bem, era o sofrimento do herói inglês desfigurado no rosto, que trabalhava num circo e, apesar das suas dores, sorria sempre. E Hugo dizia que estava me enviando um exemplar do seu *Ruy Blas*, que eu certamente não conhecia e que era um dos próprios livros que ele mais estimava. Não porque fosse bem escrito, uma vez que a esse respeito tinha grandes dúvidas sobre seu talento, mas porque ele próprio o associava à época em que fora escrito, pouco depois da morte de sua filha, que perecera num acidente, afogada. Meu Deus, aquele homem tinha a fama de não se abrir com ninguém e falava de suas dores pessoais comigo, alguém com o qual ele mal havia conversado uma só vez no apartamento dos seus amigos Goncourt, num segundo andar parisiense.

A outra carta, de Bouffet, me dava conta pormenorizada dos últimos dias do seu vizinho e adorado escritor Gustave Flaubert, que ele tinha me mostrado em sua janela envidraçada em Croisset, mal nos cumprimentando lá das suas alturas. Também isso fora havia oito ou nove anos, logo depois que cheguei a Ruão a caminho de Paris. "Ah, le pauvre Gustave...", ele repetia na carta a cada parágrafo, enorme e pesado, mal podendo com o próprio corpo e quase não conseguindo chegar à janela, tantas vezes preocupado com o enteado Gui, que só pensava em matar-se nos intervalos das histórias que escrevia, enquanto hóspede no Croisset. Gui imaginava que um ente invisível o perseguia todo o tempo, e acordava Gustave em plena madrugada para que o escritor o consolasse e dissesse que era tudo fantasia sua; e Gustave, tão paciente, contava histórias de pessoas que ficaram curadas. Ficava sentado com seu camisolão de dormir e a proteção de pano dos bigodes bastante torta no rosto, quanto sofrimento! E a carta de Bouffet terminava como havia começado, com a engraçada saudação que só meu amigo faria: "Ao meu estimado rei africano, deste eterno súdito de Vossa Majestade,

George". Ibraim se sentava mais perto, queria estar próximo daquele mundo brilhante da inteligência que pressentia em torno daqueles homens famosos, e não acreditava quando lhe dizia que eu só subira um momento no estribo da sege de Victor Hugo e de Flaubert, como um moleque de estrada que se confunde com um criado de libré.

Meu neto ria dessas imagens e discordava completamente, dizendo que eu era da mesma estatura intelectual de Hugo e de Georges Sand, que me escreviam. Mas atenção, dizia eu rindo ainda mais, esse amigo que me escreve não é o escritor Georges Sand, que aliás é uma mulher de verdade que se assina com esse nome literário. O autor dessa carta é um George – ou Bouffet – que conheci na viagem de navio da Inglaterra para a França. Então era isso, Ibraim gargalhava, dobrando-se na poltrona, envergonhado da confusão e divertindo-se com o meu jeito pândego. Aí ele se lembrou de Machado de Assis, que via sempre na vizinhança da nossa casa, onde o escritor e a esposa moravam. A *Revista Brasileira* estava publicando um romance em capítulos de Machado, alguma coisa sobre certo Brás Cubas, e o escritor tinha começado a assinar artigos na *Gazeta de Notícias* havia apenas um mês, sob o nome literário de "Lélio".

E Ibraim me pediu que contasse de novo o encontro que eu tivera com o autor de *Iaiá Garcia*, esse livro que meu neto estava relendo com encanto. Sim, eu o vira de perto pela primeira vez no enterro de José Martiniano de Alencar, e me espantara com a sua fragilidade e com o fato de as suas mãos serem mais escuras do que seu rosto. Mas havia conversado com Machado na homenagem prestada a alguém, não me lembrava o nome, num almoço de que participaram jornalistas e poetas, servido no Hotel de France havia uns seis anos, e na ocasião ele havia me perguntado sobre a correspondência que eu mantinha com Hugo, na verdade então apenas de duas cartas, se tanto, fato que corria nas redações dos jornais nas proximidades da rua do Ouvidor. Aquela sessão de leitura das cartas chegadas da Europa na minha ausência acabara em pândega e em muito refresco de maracujá, que a nossa Deolinda trouxe da copa numa bandeja.

Mas aquele Ibraim menino e brincalhão que tinha agora diante de mim era já um homem feito, de fato, um belo exemplar fula de guerreiro jovem. Poucos dias passados da minha volta, tendo chegado tarde em casa depois de uma sessão de *vaudeville* no Fenício e de um jantar com Adelaide, preparava-me para dormir quando ouvi vozes que pareciam vir de um grande armário na parede, em meu quarto. Na escuridão do pequeno aposento onde guardava roupas e pequenos móveis, vi uma luz tênue passando entre tábuas, e indo até lá preguei um olho na fresta maior. Os sons agora eram definitivamente idenficáveis como os que se fazem no amor entre um homem e uma mulher, e a voz quase sussurrada era a do meu neto Ibraim. O casal estava deitado num sofá que eu havia aposentado anos antes da morte de Olufeme, por ter um defeito no estofamento. A mulher que vi deitada sob o jovem guerreiro era uma desconhecida para mim. Bela, muito jovem, mulata, mantinha os olhos virados até o branco e os lábios entreabertos, pelos quais ela passeava sua língua.

Meu menino estava sério, muito animado na tarefa, e galopava sobre ela de maneira obstinada e quase furiosa. Fiquei contemplando a extraordinária cena e – curioso – estava ligeiramente excitado com o acaso, mas não era o desejo que me emocionava naquele instante. Era um amor infinito que eu mesmo não sabia explicar, amor que se derramava sobre aqueles dois seres maravilhosos – filhos dessa humanidade que vivia esquecida de que era uma família só, habitando um lugar de mistério e beleza que é o mundo – atraídos num momento que deveria eternizar-se mesmo quando o desejo do corpo cedesse lugar à gratidão de estar vivo. Não sei por que não lembro quanto tempo fiquei ali, em pé, olhando a cena, e acho que foi depois que eles dois se levantaram e saíram da salinha na ponta dos pés, para não me despertarem, que voltei para minha cama e apaguei o lampião da cabeceira, para ficar no quarto olhando o escuro, sem qualquer desejo no corpo, mas com imenso amor no coração.

Fui dias seguidos à Santa Casa para reconstituir os últimos momentos de Horácio Mendes, mas os médicos, enfermeiros e amigos comuns já pareciam acostumados à idéia da sua morte e não queriam deter-se muito sobre o assunto. Faziam-me, em vez disso, perguntas sobre a viagem e sobre se me casaria de fato nos próximos meses. A mim ocorria sempre nesses instantes um trecho do poema *Brahma*, de Emerson, que havia decorado num banco do Central Park numa tarde fria, fazia pouco mais de um mês, e que eu só repetia mentalmente:

Far or forgot to me is near;
Shadow and sunlight are the same;
The vanished gods to me appear;
And one to me are shame and fame

Ou, como ousei traduzir para brincar com as rimas, e também para me envolver com as preocupações do autor:

O distante e o esquecido se parecem;
A sombra e a luz possuem a mesma cor;
Na eternidade os deuses esmaecem;
Vergonha e fama têm igual valor.

Na minha ausência, Ibraim havia guardado a correspondência que me chegara numa velha pasta de couro sobre minha mesa, e foi nela que encontrei as cartas de Hugo e de Bouffet, entre outras. Mas examinando as últimas gavetas da grande escrivaninha que eu havia comprado quando a casa das Laranjeiras ficou pronta, encontrei uma carta de Horácio Mendes dirigida a mim. Quando falei com Ibraim a respeito, ele pôs as duas mãos na cabeça e se lamentou por ter se esquecido daquilo. Ele quis deixar separada a carta de Horácio e por isso a guardara na última gaveta, mas porque a mudou de lugar duas vezes esqueceu-se dela. A missiva foi escrita pelo meu amigo seis meses antes da sua morte, e enviada para minha casa na mesma cidade porque ele não tinha certeza de me encontrar em Nova York, Washington ou Nova Orleans. Depois, não havia pressa, dizia nela Horácio, porque eu teria o resto da minha vida para lê-la. Ele sabia que não nos veríamos mais e queria escrever alguma coisa sobre o que significava para ele a nossa amizade.

Li e reli a carta dias seguidos, às vezes em voz alta para Adelaide e Ibraim, outras vezes sozinho durante a noite, quando acordava de um sonho em que o bom amigo me aparecia. Horácio lembrava os primeiros tempos em que trabalhei com ele na Misericórdia, quando passeávamos pela praia de Santa Luzia após o almoço, antes de voltarmos para o hospital, ele para o seu consultório onde havia sempre muita gente na sala de espera, eu para a enfermaria onde ajudava com os doentes e feridos em acidentes. Horácio lembrava minha especialidade, durante certo tempo: curar feridos de faca, tratando os fundos cortes e estancando as hemorragias. Feridos à navalha, vítimas de arma branca, preparando os laudos que deveriam seguir para a polícia onde as vítimas se queixavam e pediam providências contra agressores. Algumas vidas que salvamos juntos: o mulato Teodoro, quase castrado pela própria mulher, ciumenta; Anatólia, liberta que era espancada pelo marido nos sábados à noite, quando ele chegava em casa embriagado; o menino que perdeu um dedo que eu afinal "colei" de novo na mão dele, depois de achar o dedo no lixo da Santa Casa; o marinheiro branco, que fora tatuado em alguma ilha do Oriente, que me pediu para apagar o nome de uma mulher no seu peito, o que exigiu de mim quase uma cirurgia que Horácio, depois, consertou, sem comunicar nada aos outros médicos da casa; a negra Amélia, que salvei com as minhas ervas e que nunca mais deixou de me visitar uma vez por mês, durante mais de vinte anos, num dia certo da semana que Horácio não lembrava mais qual era, e muitos outros casos que não caberiam numa carta como aquela.

Meu amigo queria fazer uma penitência em sua carta, e eu tinha de ser seu confessor. Uma única vez em nossa longa amizade ele não fora verdadeiro comigo, confessava. Fora quando comecei a fazer minhas "curas" com ervas e aparentes "simpatias", ocasião em que ele temeu se prejudicar aos olhos da diretoria do hospital por permitir "crendices" sem base na medicina, praticadas nas enfermarias por mim. Havia prometido impedir aquilo e até me demitir se preciso, tendo jurado que havia me chamado a atenção mais de uma vez, o que jamais aconteceu de fato. E havia mais, segundo Horácio, sendo essa a parte que o envergonhava mais: quando meus tratamentos deram certo, ele sentiu uma certa raiva desse sucesso, por ser uma prática ilegal de medicina, e por ter obtido resultados práticos positivos, que a medicina oficial não conseguira. O conflito havia durado alguns anos, ele confessava, a ponto de ele me vigiar discretamente para ver se eu ministrava as ervas em meio à prescrição dos médicos, o que lhe parecia até perigoso na época. Com o tempo Horácio descobriu que muitos doentes haviam melhorado e alguns – ele tinha certeza agora, quando me escrevia – tinham sido salvos com os remédios vegetais que eu lhes receitara e deixavam a Santa Casa com imensa gratidão por mim. E um dia (será que me lembrava?) ele esvaziara todo um armário onde eu instalara meu herbário num corredor da Santa Casa, minha querida coleção de plantas secas, e jogara tudo fora com suas próprias mãos. Lendo a carta eu ria e chorava ao mesmo tempo. Isso havia acontecido fazia uns vinte anos e me lembrava perfeitamente dos fatos.

Na época não tivera qualquer dúvida de que devia ter sido Horácio o autor da invasão, porque os outros médicos e empregados também se surpreenderam com o desaparecimento da minha coleção. Sabia, mas fingia não saber, e não comentei nunca com meu amigo o sumiço das minhas ervas. Apenas continuei a colecioná-las em outro lugar, redobrando aquela minha atividade secreta que só poderia ajudar os pacientes, nunca prejudicá-los. Na carta, Horácio dizia: "Na ocaisião eu já conhecia você bastante bem para saber que não esmoreceria na sua atividade. E quando descobri, um ano depois do meu ataque ao seu herbário, que os doentes continuavam tomando seus remédios, além daqueles que eu e os outros médicos da casa receitávamos, fiquei contente e emocionado. Sua teimosia quando você tinha certeza de estar com a razão era famosa na Misericórdia, querido Adriano, e seria famosa no Rio de Janeiro todo se a cidade o conhecesse como você merecia ser conhecido". E aqui Horácio fazia elogios que só revelavam o quanto ele era generoso com as pessoas que estimava e, para dizer a verdade, com todas as pessoas com quem conviveu. Adelaide, Ibraim e eu choramos e rimos uma tarde inteira, lendo e relendo a longa carta daquele verdadeiro amigo que na minha ausência tinha viajado para sempre.

Tendo recebido por carta um pedido de José Carlos do Patrocínio para que escrevesse um artigo sobre a Comuna de Paris para a *Gazeta da Tarde*, de sua propriedade, passei dois dias enfurnado em meu escritório relendo as anotações que fiz, em forma de memórias, dos acontecimentos ocorridos cerca de dez anos antes, na França. Essa releitura me fez lembrar vivamente do pequeno apartamento da rue du Bac de onde podia ver um trecho do Sena bem próximo, entre o cais dos Ourives e o cais Voltaire, que se incorporou confusamente aos meus sonhos em que me encontro com pessoas que perdi infelizmente para sempre. No artigo, depois de falar na maravilha em que Houssman transformou Paris, protegido e estimulado por Napoleão III, referi-me aos sonhos germânicos de expansão que jamais vão deixar de existir enquanto houver uma Alemanha no mundo, para em seguida contar os combates de rua e a carnificina no cemitério Pére Lachaise, naquela guerra de “franceses contra franceses”. Concluía que até hoje a França tinha como que contas a ajustar consigo mesma, pelas violências que permitiu que acontecessem na sua sala de visitas.

Um mês depois, Patrocínio me pediu por carta novo artigo, agora sobre a abolição da escravatura nos Estados Unidos. Novamente me tranquei um dia inteiro para escrever e acabei destacando no artigo o que julgava importante, que não coincidia com aquilo que os abolicionistas no Brasil achavam fundamental no momento. Como sabia que um dia isso ocorreria, não me abalei quando Patrocínio, já de posse do artigo, escreveu-me de novo querendo discutir uns pontos do trabalho comigo pessoalmente. Prometi num bilhete passar na *Gazeta da Tarde* nos próximos dias, e de fato fui até lá quando quis almoçar no Carceler com meu neto Ibraim. Subimos a Ouvidor após o almoço e entramos na redação com alívio, fugindo do calor insuportável das ruas. Ficamos numa sala envidraçada de onde víamos os redatores e revisores debruçados sobre as mesas, sob lâmpadas grandes que substituíam a luz de fora, já que tinham fechado todas as venezianas por causa do mormaço e do vento, este um inimigo de quem lida com provas, bilhetes e papeizinhos.

Patrocínio veio sorrindo e quando o apresentei a Ibraim deu-lhe um forte tapa nas costas, como fazem alguns americanos mais expansivos. Sentou-se e tirou os óculos: não havia entendido meu ceticismo com a Abolição. Primeiro achei que não me explicara bem no artigo, depois concluí que o redator-chefe da *Gazeta* não havia lido o artigo todo. O entusiasmo pela Abolição criava ilusões perigosas para os negros e os brancos – mas as piores eram para os primeiros. Eu tinha vindo fazia pouco dos Estados Unidos e vira lá com muita clareza que nada havia mudado, basicamente, para os antigos escravos e suas famílias. No Brasil, ou em qualquer lugar, o que cada negro tratado como escravo sentia era o mesmo que um branco experimentava quando era humilhado, demitido, afastado de um meio ou uma roda de pessoas. O problema era humano, e não podia ser tratado como sendo apenas do negro. Isso também acontecia com os índios que eram batizados e levados para as pequenas cidades próximas do sertão – eles se transformavam em párias, eles próprios acabavam se convencendo de que eram seres inferiores. E com os judeus, os turcos, os ciganos, era tudo a mesma coisa. Por isso eu era a favor da abolição dos escravos no Brasil, mas era contra fazer disso uma bandeira de salvação, um sonho de felicidade, uma viagem ao paraíso. Patrocínio discordou, polidamente, mas não quis aprofundar a discussão. Ofereceu-nos um café, ofertou-nos charutos, que recusamos agradecendo, fumou e, em seguida, se despediu na porta de sua sala. Saímos dali, Ibraim e eu, comentando a subordinação dos homens às idéias e a sufocação dos humanos pelos conceitos.

12

Aprendendo a morrer

1884/1892

Adelaide e eu saíamos agora com alguma freqüência, a fim de fazer compras para o casamento. Deixávamos uma sege de aluguel esperando no Largo de São Francisco, no centro, e corríamos as lojas escolhendo roupa de cama e mesa, tecidos para vestidos, casacos, coletes, roupa branca e suspensórios franceses. Ela gostava de flores e, além disso, queria ter um pomar bem cuidado no quintal das Laranjeiras. Quanto a mim, não tinha qualquer preocupação com dinheiro, embora me lembrasse sempre de que as pepitas e as pedras que trouxera de Diamantina havia cerca de quatro décadas continuavam sendo minha única fonte de renda, para chamar assim. Ao longo dos anos, mandei cortar e lapidar muitos dos diamantes da minha coleção, mas de início eu os vendia na sua forma bruta, tendo perdido nisso alguma coisa. Meu lapidador nos últimos anos era sempre o mesmo homem, Henrique Coimbra, joalheiro português de absoluta honestidade que, durante minha viagem aos Estados Unidos, havia morrido com idade muito avançada. Seu filho Célio o sucedeu na lapidação, mas como não tinha a mesma elegância e o mesmo caráter do pai, logo quis saber quanto eu ainda tinha guardado em pedras e peças de ouro para vender. Respondi que possuía duas ou três, quando de fato tinha um pouco mais que isso. O que eu conservava muito bem guardado num imenso cofre inglês que comprara no tempo da construção da casa daria para o resto dos meus dias e ainda teria o que deixar para Adelaide e Ibraim, quando morresse.

Lembro da visita que recebi, nessa ocasião em que fazia os preparativos para o meu casamento, de alguém que veio de São Paulo especialmente para me conhecer. Havíamos trocado cartas nos últimos cinco anos com certa assiduidade, longas missivas em que cada um de nós contava passagens de suas vidas, que se pareciam em muito com circunstâncias e reações com a vida do outro. Luís Gonzaga Pinto da Gama chegou ao cais Pharoux de manhã bem cedo, vindo de Santos, onde havia embarcado na véspera. Fui pegá-lo numa sege de aluguel que nos levou em seguida a Laranjeiras, onde fiz questão de hospedá-lo. Adelaide e Ibraim estavam a postos para o almoço no primeiro dia, e o Gama, embora conforme ele dizia estivesse muito doente, era um homem alegre e falador que animava o ambiente onde se achava. Nasceu na Bahia e tinha apenas cinco anos na época da revolução dos malês de que eu havia participado. Era filho de um fidalgo português e de uma escrava liberta, e hoje era poeta e colaborava nos jornais abolicionistas e republicanos de São Paulo.

"Eis aqui", disse ele, tirando um livro embrulhado de dentro de sua pequena mala, "a lembrança deste egoísta ao seu amigo do Rio de Janeiro."

O Gama estava se referindo a uma frase minha numa das últimas cartas que lhe mandei. "Continua escrevendo no *Almanaque Literário de São Paulo*? Pois mande-me um exemplar, egoísta, e algum dos seus livros de poesia...". Trouxera *O Moralista* e alguns exemplares do *Almanaque* e do *Radical Paulistano*, onde publicava folhetins e poesia satírica. Mas eu queria os famosos discursos que haviam incendiado São Paulo, sobre a política na Corte e a Abolição na sua província, e essa exigência minha agradava o Gama, que prometeu me mandar tudo mais tarde por correio. Ficou em minha casa dois dias e nesse período interrompi as saídas com Adelaide para fazer companhia ao visitante.

Contei-lhe o episódio do Patrocínio, que estava decepcionado comigo por causa das minhas idéias sobre a liberdade que interessava aos negros. O Gama me fez algumas perguntas, ouviu minhas ponderações sobre as exageradas esperanças postas na Abolição, e ampliadas inclusive por brancos que faziam carreira política com a campanha, meditou um minuto e disse:

"Juro a você que não havia pensado nisso desse modo, Adriano, mas acho esse encadeamento de idéias interessante. Por enquanto, quero ouvir você sobre isso sem dar minha opinião, porque sou muito lento para digerir idéias novas. Mas isso me parece importante..."

Ibraim gostou da cordialidade do paulista e puxou sua cadeira para perto de nós. Conversaram durante algum tempo os dois sobre a política do imperador, que ambos respeitavam como pessoa. Nas horas em que passamos juntos, eu disse o que pensava sobre a situação dos escravos no Brasil e no mundo – inclusive na África, onde nem sempre houve brancos explorando os negros, mas negros facilitando aos europeus ou mantendo um costume antigo de escravizar os vencidos. E porque a escravidão não se justificava, não era justa igualmente aquela que os homens em geral exerciam contra os outros homens, em toda parte onde eles se conflitavam. A resposta para isso não podia ser política, administrativa ou pastoral, imposta de cima para baixo como uma penitência, ou a partir de uma autoridade. A solução não podia ser senão pessoal, um entendimento de cada homem consigo mesmo, no único encontro realmente profundo que é possível. Num final de tarde em que ficamos os três homens na varanda da frente conversando até anoitecer, quando me calei meio exausto, o Gama ficou de pé e me aplaudiu, por bondade e como amigo, repetindo que eu deveria passar tudo aquilo para um livro.

"Ele não aceita essa idéia", disse alto Ibraim, apontando para mim. "Ele acha que não adianta escrever, que ninguém se interessará pelo assunto, e outros argumentos desse tipo. Meu avô é teimoso, doutor Gama..."

Gama concordou e disse que eu tinha fama de teimoso até em São Paulo. Mas nessa cidade eu só conhecia o Gama, dizia eu, como posso ter fama de alguma coisa por lá?

"Se isso fosse verdade, ainda assim seria por teimosia. Por ter-se recusado a viajar até São Paulo apesar dos convites que lhe fiz, alegando falta de tempo, embora possa passar meses e anos em Jerusalém, em Paris e em – como se chama o lugar? Sim, Natchez...", falou Gama, fingindo exaltação e fazendo Ibraim dar risada.

Mais à vontade nesse ponto da conversa, meu neto perguntou ao Gama se ele tinha um nome africano, antes de se chamar Luís. Não, aquele era seu único nome porque ele fora batizado pela família de seu pai.

"Minha mãe é que nunca aceitou o batismo e a doutrina cristã. Meu pai dizia que ela era uma 'moura empedernida', mas ele a amava loucamente...", respondeu Gama, na sala de repente silenciosa.

Prometi que iria com meu neto visitar o amigo Gama na sua São Paulo. Nos meses que se seguiram recebi três cartas amáveis dele, mas só respondi à última. Era compreensível, pois nesse período eu estava me casando e passando duas semanas com minha esposa em Petrópolis, num pequeno hotel próximo da estação de estrada de ferro local. A cerimônia no Rio fora oficiada pelo padre Morais, um velho amigo do pai de Adelaide, e celebrada na bela e novíssima igreja da Penha, no alto de uma montanha de pedra de onde se vê toda a cidade e aonde se chega por uma impressionante escadaria. Na cidade de Petrópolis, já fria naquele começo de inverno, chamamos muito a atenção das pessoas na rua por sermos um casal raro, composto por um negro com algumas manchas de cabelo branco na cabeça e uma mulher branca, certamente muito moça para ele, ambos bem trajados e aparentemente bem educados. Uma pequena freira que cruzou conosco numa ponte da cidade, logo no dia da chegada, sorriu e juntou as mãos, como se nos cumprimentasse: "Deus abençoe a união de vocês". Adelaide ficou com os olhos úmidos e me olhou, sorrindo e dizendo "Amém".

Logo que voltei ao Rio, fui numa quinta-feira ao Valongo, e tive a surpresa de encontrar a casa cheia. Eram os mesmos de dois anos antes, quando viajei, e alguns novos que eu ainda não conhecia. Soíca e Sule vieram me receber na porta, com as saudações em fula que eu usava antigamente: "*Sollina, sollina!*". Minha resposta pronta foi em hauçá: *Bacutá*. Abraços fortes, prolongados, e as apresentações dos que não conhecia ainda: dois brancos, Pereira e Franco, um filho de português, o outro um pequeno comerciante espanhol residente no Brasil havia alguns anos, ambos interessados nos temas das nossas reuniões e com alguma leitura sobre o islamismo. Minhas cartas a Soíca e a Idrissa tinham sido lidas e discutidas nos encontros. Idrissa voltava com freqüência ao Rio a negócios, e ia ao Valongo sempre que vinha do Rio Grande do Sul. Numa das vezes trouxera duas cartas minhas enviadas de Nova York, em que eu falava sobre os nossos temas preferidos e a respeito do deslocamento do negro livre nos Estados Unidos.

Sollina, sollina!, repeti aquela noite, falando com meus irmãos. Porque fui pássaro, aprendi a ver mais com maior cuidado, e sabia disso desde o começo. Quem se acostuma, acaba aceitando o que lhe resta e já não consegue avaliar. *Bacuntá*, o segredo do visitante, era a graça que nos permite ver a verdade sutil que muitos homens perdem porque se distraem com o temor. Quando um assunto nos atingia pelos sentimentos, pelas afeições, ele nos embebia de tal modo que só tínhamos olhos para os seus aspectos insignificantes. Todos os outros permaneciam invisíveis. Por isso uma lei humana só é satisfatória no tempo em que foi feita, parecendo pouco depois imprópria, já que deixa de cobrir parcelas da realidade que desejou regular. As leis humanas envelhecem logo, por isso as Constituições são emendadas em nome de mudanças trazidas pelo tempo. Mas não era isso, na época em que foi feita a lei, somente alguns ângulos da questão que ela quis abranger foram percebidos. Por que isso? Por causa da pressões que os homens exercem uns sobre os outros, isso que no conjunto se chama cultura e que é sempre tão contaminada pelo desejo e pelo medo. E nisso como em outras coisas era mais fácil ver com os próprios olhos do que após elaboradas explicações intelectuais.

"O senhor está falando a propósito da monarquia?", perguntou Ernesto, um liberto chegado havia pouco às reuniões do Valongo, que não entendera bem o que estava por trás de tudo aquilo.

"Estou falando sobre mim mesmo, sobre todos nós e sobre este país que se apaixona tanto pelas discussões que acaba deixando de lado os problemas verdadeiros que as inspiraram. Conferências, jornais, polêmicas – aqui como nos Estados Unidos é mais ou menos a mesma coisa – são como bolos de confeito que de tão elaborados já não se sabe mais a quem homenageiam, se ao dono da casa, ao filho ou à pátria."

A questão política era não apenas complicada, mas pegajosa. Cada um de nós – tive a oportunidade de dizer então – tinha uma simpatia e uma coleção de opiniões, afetos e raivas que atuavam incessantemente numa área em que os interesses pessoais se disfarçavam sob a máscara do interesse público, e podiam assim se manifestar impunemente. A vida política não era muito mais do que isso: o animal disputando a carniça, mas disfarçado de benfeitor. O sistema jurídico, as leis e a organização administrativa eram necessárias, mas inegavelmente "legalizavam" o egoísmo brutal que orientava a maior parte das ações humanas. Entender isso em nós mesmos era possível, nos outros era improvável porque a denúncia do erro fora de nós é um perdão prévio, é um salvo-conduto para os nossos erros. Era sobre isso que conversávamos agora nas reuniões do Valongo.

No começo do outro ano recebi uma longa carta de Idrissa em que o velho companheiro me contava sobre as reuniões semanais que vinha mantendo com amigos valorosos como aqueles do Valongo, as quais às vezes iam pela noite adentro e estavam atraindo "pessoas interessadas e interessantes", todas com aquele vigor que os gaúchos transmitem a tudo o que fazem. E um pequeno semanário editado pelo próprio Idrissa estava sendo preparado, com o nome, honroso para nós, de Carta do Valongo, editado em Porto Alegre. E Idrissa me descrevia aquela cidade que ele tanto estimava e onde segundo ele o negro era aceito como o branco na sociedade local. Era uma cidade moderna, com água encanada em quase toda ela, uma excelente iluminação a gás e um serviço de bondes com tração animal de excelente qualidade e conforto. O único senão da cidade eram as fábricas de cerveja, em número excessivo para o seu tamanho, e a grande quantidade de tavernas onde qualquer pessoa, mesmo as muito jovens, podia ter acesso. Mas Idrissa pretendia discutir essa questão na sua Carta, e me pedia agora um artigo para o primeiro número, de preferência sobre um daqueles temas discutidos no Valongo. Respondi saudando o amigo e o novo jornal, e prometi o artigo para as próximas semanas.

Nos poucos encontros que tive com André Rebouças, percebi que a simpatia que nutria por ele era mútua. Vi-o primeiro na *Gazeta da Tarde*, um dia em que fui à redação da rua Uruguaiana levar um artigo que me haviam pedido, e ficamos conversando na saleta do Patrocínio. As idéias de André sobre uma "democracia rural" que acabaria vindo com a Abolição me pareceram, no entanto, algo fantasiosas e distantes da realidade. Para mim, após a libertação dos escravos haveria um imenso e muito prolongado desequilíbrio entre os negros e a população branca brasileira. Aquilo que Booker T. Washington estava querendo evitar nos Estados Unidos, infelizmente também com poucas possibilidades, estava muito mais distante de nós no Brasil. Talvez dois séculos fossem necessários para que os negros se equiparassem em educação e poderio econômico aos brancos em nosso país. E ainda assim isso não levaria a nada se não houvesse da parte de brancos e pretos uma resposta interior satisfatória a perguntas aparentemente tão distantes quanto essas: por que a sensação de distância e hostilidade com os que eram diferentes? Por que a hostilidade e a distância em face dos que são parecidos e estão próximos também? Que são as coisas que chamo simpatia e antipatia pessoais? Essas perguntas não podem ser feitas a outro, além de mim. Porque se as faço a outro, "fico de fora", isto é, estou previamente absolvido e perco o interesse essencial pela questão, e é esse interesse, essa fagulha que me faz caminhar nesse conhecimento de mim mesmo "enquanto sou".

Com o tempo e com algumas mudanças que ocorreram em mim como decorrência do meu persistente interesse pela "ação interior", isto é, pelo modo de ser absolutamente comum, no dia-a-dia mais rotineiro, passei a ter alguma dificuldade para anotar nos fins de semana, como sempre fiz, os acontecimentos de que participei no dia-a-dia. Houve uma diminuição da memória factual que primeiro fui tentado a acreditar fosse resultado da minha idade, quase oitenta anos. Mas isso vinha me servindo sempre de pretexto, nos últimos tempos, para explicar o que fazia e o que deixava de fazer. Depois entendi que o velho bem pode ter em si o menino que um homem, enquanto vivo e lúcido, sempre tem. O risco de agir como criança depende do grau de consciência que se possua desse menino *achronologikós*. Os fatos da vida pública diminuíram muito de importância para mim porque com os anos eles se revelaram frágeis reflexos da incerteza humana, podendo ser desfeitos e refeitos. Passei a ler mais um certo tipo de livro, e bem menos outros, conforme eles aludissem ao transcendental, sabendo de antemão que a maior parte do material impresso no mundo é mera futilidade em letra de fôrma.

Mesmo a idéia de publicar um dia estas memórias que andei anotando durante meio século dissipou-se do meu espírito completamente, embora tenha combinado com meu neto que deixaria essa papelada toda com ele, quando chegasse minha hora de fazer a grande viagem de volta à Substância Comum do Universo, ou o que Emerson chama de *Over-Soul*. Não me recuso a registrar pensamentos, conversas, até mesmo uma entrevista que dei ao meu querido irmão Idrissa para o número da Carta do Valongo, publicada em Porto Alegre, que tenho aqui diante dos meus olhos, e faço isso antes pelo costume antigo de registrar a ocorrência de fatos e de idéias do que pela intenção de elaborar um conjunto de memórias para compor uma vida inteira, feita de começo, meio e fim, que isso afinal nunca existiu no mundo, e toda tentativa de montar esse tipo de coisa jamais passou de mera ficção.

Sentia que, à medida que os anos se somavam na minha vida, era mais nítida a impressão de que os dias corriam em velocidade crescente, de tal modo que agora, nos últimos meses, a semana me parecia medir o tempo de uma hora, e o fim do dia chegava tão depressa quanto tinha surgido. Na contagem geral era muito feliz, e a presença de Adelaide na casa – agora que ela se acostumara a sentir a casa como sua – era uma bênção pela graça, a ordem e a serenidade que ela espalhava ao seu redor. Nossa empregada Teresa, uma moça branca que veio das Minas Gerais para uma pensão de jovens sozinhas no Rio, e dali para nossa casa, de tão devotada era quase uma filha para Adelaide, cumpridora silenciosa dos seus deveres, atenta e solícita. Ibraim estava agora trabalhando num banco na rua Uruguaiana, e sempre conversava comigo sobre sua rotina no emprego, os amigos que tinha e as moças que o interessavam. Ele havia decorado quase todos os capítulos do *Mantic uttair*, e citava suas passagens com muita propriedade, mas sem exagerar na freqüência, depois que lhe disse que mesmo a verdade e a beleza podiam afugentar quando não eram evocadas no momento próprio.

Ainda conservava o costume de almoçar na cidade, e agora fazia isso pelo menos duas vezes por semana, ora com Adelaide e Ibraim, ora sozinho. Ia ao Hotel de France, ao Carceler, à Pascoal ou ao Hotel de Londres. Uma tarde em que conversava neste último com Ferdinand Leclerc, gerente do *Banque de l' Amériques*, ele me apresentou a três ingleses que estavam de passagem pelo Rio a caminho de Lima, onde ficariam um tempo, e dali seguiriam para San Francisco, nos Estados Unidos. Leclerc tinha conhecido dois deles na véspera, na casa do cônsul francês na cidade. Quando os convidei para a nossa mesa, eles aceitaram logo, dizendo seus nomes enquanto se sentavam. Tomamos vinho e conversamos longamente. Um dos ingleses quis saber detalhes sobre a minha estada em Londres, há uns quinze anos ou mais. Ao fim de algum tempo, enquanto os outros falavam animadamente com Leclerc, que era um excelente conversador, Alphonse

Clay, como ele se dizia chamar, só se dirigia a mim. Queria saber se eu poderia levá-lo até a redação da *Gazeta*, onde ele disse que eu trabalhava, porque desejava conhecer pessoalmente o cotidiano de um jornal brasileiro. Concordei e disse que poderíamos nos encontrar no próprio jornal no dia seguinte, ao fim da tarde, quando eu deveria passar por lá para entregar um artigo que havia prometido a Patrocínio.

No dia seguinte, Clay foi pontual, mas percorreu a redação sem dizer palavra, cumprimentando o redator-chefe com uma mesura e não demonstrando maior interesse pelo jornal. Comecei a pensar que ele de fato queria me falar alguma outra coisa, e o convidei para tomarmos um vinho no Baviera. Seguimos a pé pela Ouvidor movimentada, e enquanto respondia a uma pergunta dele falando de minhas viagens e das guerras em que havia lutado, eu o observava com curiosidade. Teria uns quarenta anos e era um homem robusto, de mãos delicadas e grandes olheiras no rosto pálido. Sobre guerras e conflitos Clay parecia demonstrar um interesse real. A certa altura da caminhada, apoiou a mão no meu braço, o que me surpreendeu por se tratar de um inglês.

"Você já matou alguém?", perguntou com seu sotaque do East End londrino que eu voltava a identificar.

Vacilei um instante, fitando seu rosto. Em seguida confirmei com a cabeça. Na guerra era impossível não matar, mas hoje encontraria um modo de não me envolver mais em guerras. Mas qual era a razão da pergunta? Nenhum motivo especial, ele disse, apenas curiosidade. O Baviera estava quase inteiramente vazio àquela hora. Ficamos ali até o começo da noite, e de início me alonguei falando na morte de meu filho na guerra do Paraguai, e das coisas terríveis que testemunhei, em matéria de matar e morrer, nas margens do rio Paraná. Contei também que havia presenciado as lutas de rua em Paris, mas que então já não me davam mais prazer os torneios daquele tipo, pelo contrário. Quando percebi que o inglês estava pronto para me dizer o que, desde a véspera, queria desabafar, deixei que falasse, encorajando-o com alguns movimentos de cabeça e a atenção que lhe dei por um longo tempo.

Clay havia nascido e crescido em Liverpool, tendo morado em diversas cidades inglesas antes de se fixar em Londres. Ainda jovem, em Birmingham, havia matado acidentalmente uma jovem com quem se encontrara durante um ano, e depois descobriu com espanto que exercer aquele controle absoluto sobre a vida humana – a decisão de matar, como a condenação à morte tomada por um juiz – lhe dava um grande e extraordinário prazer. Ele, que poucas vezes tivera a oportunidade de tomar uma decisão de importância na vida, pôde decidir sobre a existência de uma pessoa. Foi uma exaltação e um delírio que depois ele quis desesperadamente repetir. Mudou-se então para Norwich, onde fez a mesma coisa com outra jovem que namorou, e uma vez mais, com medo de ser descoberto e condenado à morte, mudou de cidade. Em Gloucester, matou pela primeira vez uma prostituta que ele pegou numa calçada quase ao amanhecer do dia, e aí ele já matava quase sempre do mesmo modo, com um prazer e uma exaltação que não se relacionavam em nada com o desejo sexual comum. Ninguém se interessava pelas mulheres de calçada, nem se estranha a morte violenta de uma dessas criaturas. Havia dois anos fora viver em Londres, e ali se hospedou numa pensão modesta onde ninguém o observava nem lhe faziam perguntas. Ali havia feito o "serviço" com oito mulheres que havia encontrado na região de Hay Market, das quais somente cinco foram associadas ao mesmo matador. Achando que não podia arriscar mais, resolvera partir para os Estados Unidos onde ia recomeçar tudo – Como tudo? As mortes, também? Não sabia, desejava que não, mas alguma coisa ardia dentro dele quando pensava em segurar uma mulher por trás e lentamente, tomar a decisão de condenar aquela... Mas por que me contava isso? Não sabia dizer, mas era a primeira pessoa com quem falava a respeito. Talvez porque eu fosse um estranho completo para ele, e ao mesmo tempo inspirasse nele uma inexplicável confiança. Eu lhe disse que não poderia seguir pela vida matando pessoas, e que por sorte dele eu sabia manipular o remédio certo para o seu mal. Expliquei em poucas palavras o que era o fluido magnético e de que modo havia aprendido a usá-lo ainda menino no Futa Jalom e, depois, o aperfeiçoara com o dr. Bernheim, em Estrasburgo, e com o dr. Liébeault, em Paris. Clay me fitava de olhos muito abertos.

O tratamento teria de ser feito em três dias seguidos, em minha casa. Por quanto tempo ele ainda ficaria no Rio? Viajaria dali dez dias para Lima, pelo "Southern Cross", passando por Buenos Aires e o cabo Horn, para subir rumo norte pelo Pacífico até o Peru, onde tinha promessa de trabalho numa mina de prata. Clay esteve quatro vezes nas Laranjeiras, contando a meu pedido a história triste das mortes que provocou. Tomando café no meu escritório, sua mão tremia quando me repetiu que era a primeira vez que contava tudo aquilo a alguém, e não sabia por que o fazia a mim.

"Você me pareceu um sacerdote, não sei, alguém que me ouviria e não teria horror de mim por tudo isso", falou Clay com seu sotaque do East End, que eu jamais soube imitar. O inglês falava sem emoção, mas sua mão (aquela que havia tirado a vida de tanta gente, segundo ele) tremia levemente e não parava mais de tremer. Dois dias depois fizemos a primeira sessão, na varanda de casa. Balancei um velho relógio de ouro a um palmo dos seus olhos, ele de frente e eu de costas para a luz de fora. Pedi que se deixasse levar pela sonolência que já deveria estar sentindo, e quando o vi de olhos fechados perguntei se ainda me ouvia. Com uma voz sumida, ele confirmou. Naquele dia, como nos dois outros que se seguiram, disse que ele se esqueceria das brutalidades que fizera contra algumas mulheres; afirmei que ele podia encontrar prazer sem provocar a dor e a morte de um outro. Finalmente, repeti várias vezes com a necessária firmeza que, toda vez que desejasse profanar uma vida aparentemente entregue a ele, deveria voltar seus golpes contra si mesmo, nunca contra o outro. E enfim ordenei que se esquecesse desses comandos quando despertasse, mas os guardasse no fundo da memória para quando eles fossem reativados. Mandei que abrisse os olhos, e Clay se sentou vagarosamente, esfregando os olhos com suas grandes mãos. Depois, quando me despedia dele na porta, ouvi um rumor de passos na escada e apressei nossa despedida. Não queria que ele pusesse os olhos em Adelaide, que vinha descendo. Nem mesmo um vislumbre. Agora havia um ponto adormecido no cérebro de Clay – a quem não esperava mais ver, como de fato não vi mais – e que seria despertado no momento necessário. Mas o que sabia eu de todas as regiões do seu cérebro? Assim, tinha meus motivos para evitar que ele visse Adelaide.

Quando estive no Valongo, dias depois, falei com os velhos e os novos companheiros sobre essa experiência, sem citar o nome e a nacionalidade do paciente, é claro, e muitas perguntas caíram sobre mim. Fui bem claro: o fluido magnético de Bernhein e Liébault somente agia na superfície da vontade humana, e seus efeitos não chegavam àquelas regiões que somente certa experiência religiosa – quando não-dualista, despojada de dogma e de rito, humilde o quanto pode ser uma experiência – consegue atingir a ponto de efetuar uma mudança. Porque, afinal, as perguntas continuavam sendo as mesmas: quando se deseja mudar, quem muda, o quê muda, quem é mudado, o que é mudado? E Liébault percebia tão bem as limitações da sua experiência que escreveu um livro chamando os seus efeitos de "sugestões". Então eu perguntava ao grupo se não era esse o problema da fé. Quando se trata de "sentir uma realidade", essa revelação vem sempre de dentro. Quando os dogmas, as regras morais, o cerimonial têm precedência – e a isso associam a fé, não sabia por quê –, o que existe é o mesmo fenômeno do fluido magnético, ou dessa coisa assim chamada. O abuso do fluido pode enlouquecer quem o recebe, como dizem?, perguntava Tomás. Que outras doenças podem ser curadas com o seu uso?, interrogava Palhano. Poderia ensinar aos irmãos do grupo que tivessem algum interesse esse tipo de magnetismo?, queria saber Parmênidas. Era preciso repetir o que já fora dito, e eu fazia isso em voz cada vez mais baixa para reduzir o nível de tensão na sala. Saía do Valongo cansado, e recusava quando alguém se oferecia para chamar uma sege. Queria andar sozinho pela cidade querida, ouvindo meus passos, vendo os gatos e cães que dominam os cantos das calçadas nas madrugadas. Os irmãos haviam ficado lá conversando, fazendo perguntas entre si, dando opiniões. Compaixão. Não eram irmãos, eram meus filhos, e o sonho de todo pai é que os filhos cresçam em felicidade e sabedoria. Assim era eu.

Alguma coisa mais, antes de pôr um ponto final nestas anotações que fiz por meio século, que às vezes me deram prazer e alívio, e outras vezes certo arrependimento de ter tentado parar o tempo – porque lembrar é um modo de fixar o que naturalmente se dilui, alguma coisa que se perde para sempre. No fundo é uma resistência contra a morte que algo em nós sempre teme que seja o nada absoluto. Essa parte talvez seja a mais animal de todas, mas nem por isso é desprezível e de certo modo pode ter razão em algum dos seus temores. Se é a memória, é o lado menos nobre da mente humana, ele pode fazer o papel modesto, mas finalmente útil, da mala de viagem, que nem de longe se compara ao viajante, e se for preciso num desastre perder um deles, que seja ela. Mas é nela que vão nossos haveres e os panos com que nos cobrimos, como a memória guarda as lições e os deslumbramentos que um dia podemos usar para a elevação do viajante, isto é, do espírito do homem. E o homem de quem essas notas falam não existe mais, se é que ele existiu um dia e não foi só miragem de quem temia antes de tudo o nada.

Ontem encontrei uma citação de Al-Hallaj, um mártir querido do Islã, que deixo aqui: "Sem que O procurasse, vi meu Senhor pelo olho do Coração. Perguntei-Lhe então: Quem És? E Ele me respondeu: 'Tu mesmo'. Ao lado, no mesmo envelope, uma invocação do sábio marroquino Ibn Ibris, que usei uma vez falando sobre o sentido verdadeiro de "guerra santa", um combate interior permanente, que não cessa nem com a morte: "Na guerra única que tu deves travar, não ataca os cristãos, os judeus ou muçulmanos, mas golpeia com vigor a tua alma, e não cessa de atacá-la até que morras".

Na véspera de completar oitenta e seis anos, ponho um ponto final nestas notas, e entrego os oito pacotes que fiz delas ao meu neto Ibraim, que as pediu para guardar como alternativa para o fogo, que era o destino que eu tinha reservado para elas. Não por desencanto ou porque elas contenham alguma coisa que me desabone, que nada disso me preocupa ou interessa hoje. Pensei em me desfazer delas porque não creio que minha vida seja de interesse para muitos. Conheci gente cujas vidas foram edificantes, mas ainda assim me pergunto se teria valido a pena confiá-las ao papel. Meu neto alimenta a ilusão de que ainda tem muito a aprender comigo, além do que já tentei transmitir-lhe falando. Por isso, por amor a tudo o que é dele, até mesmo as suas ilusões, fiz-lhe presente dessas muitas folhas que rabisquei quase a vida inteira. Mas tentei passar-lhe alguma coisa que aprendi quase por acaso – que há duas mortes no mundo, a pequena e a grande morte. A pequena é aquela comum, que nos chega quando o corpo chega ao fim. A grande é interior, e acontece em vida pelo milagre da Graça, que segundo o evangelista sopra onde bem entende. O único legado para quem não a experimenta é o silêncio. Espero que o tempo acabe por mostrar a meu neto, e a quem mais couber, que as palavras, as lembranças e as opiniões são como peças de xadrez dispersas, que muito cedo ninguém sabe mais se alguém jogou, e muito menos o que significam.

Rio de Janeiro, 22 de dezembro de 1892.

Tudo parecia indicar que terminariam de fato aqui os diários de Adriano Muçá Miller, que por muitos anos ficaram esquecidos numa fazenda do Vale do Paraíba. Mais recentemente, no entanto, foram encontrados dois maços de anotações do mesmo autor na Bahia, feitas ao longo de um único ano – o último ano de vida de Muçá. Nelas, o antigo escravo, guerreiro e filósofo que nasceu na África, e nos seus escritos fez um retrato de corpo inteiro do Brasil do século XIX, relata a maior de suas experiências, a mística e transcendente, na plena lucidez dos seus noventa anos. Essa última parte desses diários será publicada brevemente sob o título A Guerra Santa do Gato.

Luiz Carlos Lisboa

Advogado, publicitário, servidor público e jornalista, colaborou com importantes órgãos de imprensa no Rio de Janeiro e em São Paulo. O tempo se encarregou de reduzir tudo isso a distantes e às vezes agradáveis memórias, deixando inapagado aquilo que é talvez do domínio da genética, como a cor dos olhos, uma lenta perda de cabelos e a paixão indisciplinada mas irredutível da literatura e da filosofia. Os quase vinte livros que escreveu abrangem contos, ensaios, uma biografia, alguns guias de leitura e artigos publicados na imprensa ao longo de três décadas.

No campo infinitamente desdobrável da história humana, Lisboa muitas vezes se fixou, em suas leituras, na longa sombra que o egoísmo e a brutalidade projetaram na história brasileira. E no estudo da desabusada exploração de homens de uma certa etnia por homens de outra — uma deformação coletiva secular chamada escravidão — pareceu-lhe faltar nesse terrível episódio o testemunho da grandeza moral e intelectual, da sabedoria e da inspiração transcendentes de outros grandes perseguidos e explorados mundo afora. Não eram os fatos que escasseavam, eram a sua busca e sua interpretação correta.

Há lacunas enormes na crônica da escravidão sobre as fontes de energia que permitiram a um povo ser seqüestrado, arrastado para longe de sua paisagem e de suas tradições, e ver-se transformado em besta de carga, sem ser assaltado pela loucura ou deixar-se entregar à morte. A realidade histórica está escondida na lavra como o diamante, mas faltaram e continuam faltando a pesquisa e seu aprofundamento, em busca dos tesouros religiosos, psicológicos, míticos e cívicos desses povos africanos que foram desenraizados e espoliados pelo egoísmo colonizador. É exatamente essa mina, tão abundante, rica e variada, que é explorada pelas *Memórias de um gato.*

Leia Também

MEMÓRIAS DE UM GATO

O início da saga de Adriano Miller, apelidado de “Muçá” – gato – por causa de suas escarificações tribais na face e pela sua agilidade. Nascido em 1806, em Timbo, estudou na África teologia islâmica, filosofia e línguas estrangeiras. No Brasil, como escravo, aprendeu a escrever português, chegando a arriscar pequenos poemas.

A narrativa começa em Salvador, no ano de 1835, às vésperas da Revolta dos Malês, rebelião de escravos islâmicos que durou um dia apenas e foi sangrentamente reprimida. “Muçá” participa da revolta e é obrigado a fugir. A dificuldade em capturá-lo faz florescer sua fama de gato.

Suas andanças o conduzem a diversos quilombos e engenhos, indo parar em Diamantina, onde consegue juntar uma pequena fortuna em ouro e pedras preciosas. De aventura em aventura, chega como escravo ao quilombo de Piraí, tornando-se mais tarde um de seus governantes.

A destruição do quilombo leva-o ao Rio de Janeiro, onde, desfrutando da beleza e da liberdade que conhecera em Salvador, trabalha ajudando um médico negro, empregando métodos que mais tarde viriam a ser chamados de “naturais”.

Suas experiências o fazem mergulhar mais e mais no Corão, refletindo profundamente sobre o Islã e a Jihad – a Guerra Santa – que, para ele, é o combate espiritual interior, o único que merece ser vencido.

A diversidade humana é um presente da vida. A população negra é uma presença particular. A cultura editorial tornou-a invisível ou restrita como imagem e assunto. O conceito que orienta as nossas publicações quer reinventar esse espaço negro, mantendo na ficção e não-ficção as etnicidades negras como ponto de referência. A Selo Negro Edições, ao mesmo tempo que amplia repertórios, alinha um segmento e evidencia sua singularidade para os títulos em educação, psicologia, filosofia, comunicações, literatura, obras de referência etc. Procura cruzar, através das múltiplas áreas disponíveis, temas que apontem particularidades dessa história coletiva. Dirigidos a toda a sociedade brasileira, os títulos de autores nacionais dialogam com textos de diferentes pontos do planeta nessa iniciativa.

A Selo Negro Edições apresenta-se como mensageira dessa produção!

Bem-vindos ao nosso universo editorial!

impresso na

press grafic
editora e gráfica ltda.
Rua Barra do Tibagi, 444
Bom Retiro – CEP 01128-000
Tels.: (011) 221-8317 – (011) 221-0140
Fax: (011) 223-9767

dobre aqui

ISR 40-2146/83
UP AC CENTRAL
DR/São Paulo

CARTA RESPOSTA
NÃO É NECESSÁRIO SELAR

O selo será pago por

SUMMUS EDITORIAL

05999-999 São Paulo-SP

dobre aqui

recorte aqui

SELO NEGRO

CADASTRO PARA MALA DIRETA

Recorte ou reproduza esta ficha de cadastro, envie completamente preenchida por correio ou fax, e receba informações atualizadas sobre nossos livros.

Nome:______ Empresa:______
Endereço: ☐ Res. ☐ Coml. ______ Bairro:______
CEP: ______-______ Cidade: ______ Estado: ______ Tel.: ( ) ______
Fax: ( ) ______ E-mail: ______ Data de nascimento: ______
Profissão:______ Professor? ☐ Sim ☐ Não Disciplina: ______
Grupo étnico principal:______

1. Você compra livros:

☐ Livrarias ☐ Feiras
☐ Telefone ☐ Correios
☐ Internet ☐ Outros. Especificar:______

2. Onde você comprou este livro?

______

3. Você busca informações para adquirir livros:

☐ Jornais ☐ Amigos
☐ Revistas ☐ Internet
☐ Professores ☐ Outros. Especificar:______

4. Áreas de interesse:

☐ Auto-ajuda ☐ Espiritualidade
☐ Ciências Sociais ☐ Literatura
☐ Comportamento ☐ Obras de referência
☐ Educação ☐ Temas africanos

5. Nestas áreas, alguma sugestão para novos títulos?

______

______

6. Gostaria de receber o catálogo da editora? ☐ Sim ☐ Não

Indique um amigo que gostaria de receber a nossa mala direta

Nome:______ Empresa:______
Endereço: ☐ Res. ☐ Coml. ______ Bairro:______
CEP: ______-______ Cidade: ______ Estado: ______ Tel.: ( ) ______
Fax: ( ) ______ E-mail: ______ Data de nascimento: ______
Profissão:______ Professor? ☐ Sim ☐ Não Disciplina: ______

Selo Negro Edições
Rua Itapicuru, 613 7º andar 05006-000 São Paulo - SP Brasil Tel.: (11) 3862-3530 Fax: (11) 3872-7476
Internet: http://www.selonegro.com.br e-mail: selonegro@selonegro.com.br

cole aqui